时代印记

王志艳◎编著

孔子

延边大学出版社

图书在版编目（CIP）数据

寻找孔子 / 王志艳编著 . —延吉：延边大学出版社，2013.8(2020.7 重印）
ISBN 978-7-5634-5928-5

Ⅰ . ①寻… Ⅱ . ①王… Ⅲ . ①孔丘（前 551 ～前 479）—传记—青年读物②孔丘（前 551 ～前 479）—传记—少年读物 Ⅳ . ① B222.2-49

中国版本图书馆 CIP 数据核字 (2013) 第 210674 号

寻找孔子

编著：王志艳
责任编辑：孙淑芹
封面设计：映像视觉
出版发行：延边大学出版社
社址：吉林省延吉市公园路 977 号 邮编：133002
电话：0433-2732435 传真：0433-2732434
网址：http://www.ydcbs.com
印刷：唐山新苑印务有限公司
开本：690×960 1/16
印张：11 印张
字数：100 千字
版次：2013 年 8 月第 1 版
印次：2020 年 7 月第 3 次印刷
书号：ISBN 978-7-5634-5928-5
定价：29.80 元

前言

　　历史发展的每一个时代，都会有对后世产生巨大影响的人物，都会有推动我们前进的力量。这些曾经创造历史、影响时代的英雄，或以其深邃的思想推动了世界文明的进步，或以其叱咤风云的政治生涯影响了历史的进程，或以其在自然科学领域中的巨大成就为人类造福……

　　总之，他们在每个时代都留下了深深的印记，烙上了特定的记号。因为他们，历史的车轮才会不断前进；因为他们，每个时代的内容才会更加精彩。他们，已经成为历史长河的风向标，成为一个时代的闪光点，引领着我们后人走向更加深邃的精神世界和更加精彩的物质世界。

　　今天，当我们站在一个新的纪元回眸过去的时候，我们不能不提起他们的名字，因为是他们改变了我们的世界，改变了人类历史的发展格局。了解他们的生平、经历、思想、智慧，以及他们的人格魅力，也必然会对我们的人生产生深刻的影响。

　　为了能了解并铭记这些为人类历史发展做出过巨大贡献的人物，经过长时间的遴选，我们精选出一些最具影响力、最能代表时代发展与进步的人物，编成这套《时代印记》系列丛书，其宗旨是：期望通过这套青少年乐于、易于接受的传记形式的丛书，对青少年读者的成长产生潜移默化的影响，使他们能够从中吸取到有益的精神元素，立志奋进，为祖国、为人类作出自己的贡献。

前言

本套丛书写作角度新颖，它不是简单地堆砌有关名人的材料，而是精选了他们一生当中最富有代表性的事迹与思想贡献，以点带面，折射出他们充满传奇的人生经历和各具特点的鲜明个性，从而帮助我们更加透彻地了解每一位人物的人生经历及当时的历史背景，丰富我们的生活阅历与知识。

通过阅读这套丛书，我们可以结识到许多伟大的人物。与这些伟人"交往"，也会进一步提高我们的思想品格与道德修养，并以这些伟人的典范品行来衡量自己的行为，激励自己不断去追求更加理想的目标。

此外，书中还穿插了许多与这些著名人物相关的小知识、小故事等。这些内容语言简练，趣味性强，既能活跃版面，又能开阔青少年的阅读视野，同时还可作为青少年读者学习中的课外积累和写作素材。

我们相信，阅读本套丛书后，青少年朋友们一定可以更加真切、透彻地了解这些伟大人物在每个时代所留下的深刻印记，并从中汲取丰富的人生经验，立志成才。

导　言

Introduction

　　孔子（公元前551—前479年），子姓，孔氏，名丘，字仲尼，鲁国陬邑人。中国春秋末期的哲学家、政治家、思想家、教育家，儒家学派创始人。孔子集华夏上古文化之大成，在世时已被誉为"天纵之圣""天之木铎"，是当时社会上的最博学者之一，被后世统治者尊为孔圣人、至圣、至圣先师、万世师表，是"世界十大文化名人"之首。孔子的儒家思想对中国及朝鲜半岛、日本、越南等地区都产生了深远的影响。

　　据考证，孔子的祖先本是成汤的后裔，自孔子六世祖孔父嘉之后，其后世子孙便开始以孔为姓。孔子的父亲叔梁纥是鲁国出名的勇士，在孔子3岁时，父亲便去世，此后家境日渐贫寒，由母亲颜征在独自艰难抚养。

　　孔子天资聪颖，又极其谦虚好学，故而学识日进，到青年时就已经以博学知名于世，并开始广招弟子，传授《诗》《书》《礼》《乐》等古代文化典籍。其后多年，孔子四处游历，求学布道。

　　51岁时，孔子回到鲁国做官，仅仅数月，就令鲁国内政外交等方面大有起色，国力大增，百姓各守礼法。然而，孔子杰出的执政才能令齐国倍感威胁，遂向鲁国进献美女财物，令鲁国君臣沉溺于声色犬马之中而冷落孔子。身系民生的孔子倍感失望，不久便携带弟子离开鲁国，开始周游列国。

　　孔子先后到过卫、曹、宋、郑、陈、蔡、楚等诸侯国，并曾在卫国、陈国逗留较长时间，但是，他始终没有找到参政的机会，也没有找到贤明的君主来实现自己的政治主张，多次受到冷遇甚至迫害。

　　孔子率领众弟子在外游历14年，于68岁时返回鲁国，鲁哀公对其礼遇有加，但仍然没有重用他。而此时的孔子，也已无心从政，只专心于教授门徒及整理文化典籍。

公元前479年，一代圣人孔子离开人世，众弟子为他守墓。在此期间，众弟子将孔子平时所讲的话经过讨论辩证，编写成为流芳百世的《论语》。

孔子在世期间，就是当时社会上最博学的人；去世后，他更是为后世尊称为至圣先师、万世师表，其思想与学说对后世也产生了深远的影响。

本书从孔子的幼年生活开始写起，一直追溯到他博学广闻，带领弟子周游列国，最终成为万世典范，再现了孔子坎坷而曲折的人生经历，展现了孔子从一位贫穷少年成长为一代伟大哲人的成长足迹，旨在让广大青少年朋友了解这位坚韧、博学，为追求自己的理想奋斗不止的政治家、哲学家、思想家不平凡的人生经历，并了解他的政治主张与教育思想，同时也让我们对他的思想体系进行辨证的认识。

目 录

contents

第一章　圣人降世

　　吾日三省吾身：为人谋而不忠乎？与朋友交而下信乎？传不习乎？

　　　　　　　　　　　　　　　　　　——（春秋）孔子

（一）

　　在2000多年前，世界上几个古老的文明国家，都拥有十分灿烂的文化。公元前565年，佛祖释迦牟尼诞生于印度。14年后，也就是公元前551年，一位受到万世敬仰的圣人也在中国诞生了，他就是孔子。又过了82年，希腊伟大的哲学家苏格拉底也诞生了。这几位圣哲先贤对人类的文化都产生了巨大的影响。

　　孔子的先辈们原是宋国的贵族，在历史上曾享有很好的名声。宋又是殷王室的后裔，因此，孔子也是有着显赫的身世背景，只是距离孔子这一代有些遥远了。而对于孔门的先辈以及自己的祖籍，孔子一直都十分在意和怀念，在临终前他还说：

　　"丘也，殷人也。"

　　在西周以前，殷是中国的统治民族。他们建立的商政权历时31世，600余年，直到公元前11世纪商纣末年，才被西来到周族首领周武王所灭。

为了安抚殷人，周武王将商纣王的儿子武庚封为殷君，承认殷人对商本土的统治权，并派遣自己的两位兄弟管叔和蔡叔进行监督。

不久，周武王去世，周公旦摄政，管叔和蔡叔不服，武庚也趁机串通管、蔡作乱，公开叛周，使得建国未稳的周政权面临一场危机。

最终，周公旦率军东征，剿灭武庚、管叔，流放蔡叔，将叛乱镇压下去。此次东征的另一个结果，就是使周人确立了对东方的统治，将商的本土也一分为三：在其西部洛水之阳建立东都洛邑，附近的沁阳猎区划归东都王畿；在北部的安阳、朝歌一带建立卫国，由周武王的弟弟康叔统治；而东部商丘一带则封赐给归降周人的纣王的庶兄微子，建立宋国，以安抚殷地移民。

由此可见，宋国是经历了武庚叛乱这场激烈的民族冲突之后而残留下来的殷人政权，而微子就是他们的始祖。

微子死后，其弟微仲即位，微仲就是孔子的远祖。由于微子和微仲都是商汤之后，所以孔子也是商汤之后。商汤是圣人，而孟厘子称孔子为圣人之后，也就是从这里说起的。

宋自微子起，历经四代五君而至宋潜公。潜公死后，其弟炀公即位。而潜公之子鲋祀杀掉炀公，将君位让给其兄弗父何，弗父何不接受，鲋祀自立，是为厉公。弗父何的后代则世为宋卿。

此后，弗父何生宋父周，周生世子胜，胜生正考父，正考父生孔父嘉。这时，公族繁衍得不可胜数，于是援用东周时代"五世亲尽，别为公族"的惯例，凡是孔父嘉的子孙，一律姓孔，这就是"孔"姓的由来。

孔父嘉就是孔子的六世祖。孔父嘉历任宋穆公、宋殇公两朝的大司马，享有显赫的地位。他有一位美丽动人的夫人。有一次，宋太宰华父督在路上遇到了孔父嘉的夫人，被其美貌吸引，便想霸占她。

当时，宋国对外战争频仍，民众不堪忍受，因此，华父督就趁机散布谣言，称"司马则然！（是那个负责军事的大司马弄成了这个样子的！）"将战争的责任完全推到了孔父嘉的头上。

孔父嘉宽厚仁慈，对华父督散布的谣言及其险恶用心竟未引起警觉，结果第二年就被华父督设计杀害了，其夫人也被华父督所霸占。而同情孔父嘉的宋殇公因此也遭到华父督杀害。

这件事发生在公元前710年，上距周平王东迁约60年。从此以后，孔氏家道不振，很快便衰落下去。

（二）

孔父嘉死后，其子木金父为华父督所逼，逃到鲁国，并在陬邑这个地方落户。从此，孔氏在陬邑（今山东曲阜东南）定居，成了鲁国人。

鲁国本是奄土，奄故国即鲁国国都曲阜，以前是殷人在东方的盟国。周公东征后，灭掉奄国，并将其子伯禽封于此地，又迁来殷民六族，建立了鲁国。因此，鲁国虽然由周人统治，但多数居民仍然是殷人的旧部。木金父选择这里作为自己的避难所，可见他仍具有一定的历史眼光。

不过，作为一名落难的异国贵族子弟，木金父自然是不受鲁国政府重视的。因此从他开始，父子两代均为平民，直到第三代人孔防叔，才做了鲁国贵族臧孙师的家臣，出任防邑宰。

后来，孔防叔的孙子叔梁纥又任陬邑宰。陬邑宰已经是国家的正式地方官，因此要比作为家臣的防邑宰显耀一些。由于出任陬邑宰，故人们又称叔梁纥为陬梁纥或陬叔纥，他的后人孔子也被称为"陬人之子"。

叔梁纥在鲁国以孔武多力而著称，《左转》中就曾两次提到他的战绩。据《左转·襄公十年》中记载：鲁襄公十年（公元前563年），晋国发动几个诸侯国攻打一个名叫偪阳（今山东省枣庄市南）的小国。叔梁纥作为鲁国孟献子手下的一名武士，参与了这次战争。

偪阳城虽然不大，但却坚固难攻。攻城的人费了很大的力气，也才只有一小部分人攻入了城门。

这时，守城的偪阳人突然启动机关，将悬在上面的一道城门下放，企图将攻城中的队伍截为两截，一截隔在城门外，一截关在城门内，然后再将攻入城中的人全部歼灭。

正在这紧急关头，叔梁纥赶到了。他识破偪阳人的计策，当悬门快要落下时，他抢先奔上去，双手托住了正在下落的悬门，使将要被关在城内的鲁国士兵得以撤出，脱离了危险。叔梁纥为此立了一大功，此时，他已经年过50岁了。

还有一次，鲁襄公十七年（公元前556年）秋天，齐国入侵鲁国北部边境。齐国的高厚带领的部队包围了鲁国的防邑，而鲁国军队惧怕齐军，不敢接近防邑。此时，被围困在防邑中的有鲁国大夫臧纥三兄弟及叔梁纥。

叔梁纥见状，遂同臧纥的两个兄弟率领甲兵300人，在夜色的掩护下，护送臧纥冲出齐国军队的包围，将臧纥送到鲁军驻地旅松。然后，叔梁纥又返回防邑，坚守拒齐。齐国人攻打不下，且臧纥也已不在城中，只好撤退。叔梁纥又立了一功。

虽然立下两次战功，叔梁纥在当时也有了一些名气，但鲁国当权者并没有赏给他什么爵位，他的社会地位也没什么提高，始终只是个武士。虽然担任过陬邑大夫之职，但也属于贵族中最低的一个阶层。

（三）

叔梁纥的第一任夫人姓施，生了9个女儿，但没生儿子。后来，他又娶了一个妾，生下一个儿子，取名伯尼（又称孟皮）。但遗憾的是，孟皮的脚有毛病，走路一跛一跛的。按照当时的风俗，病足是不能祭祀祖先的。

不孝有三，无后为大，在古代是十分讲究后继有人的。因此，叔梁纥又娶了一位夫人，这位夫人就是孔子的母亲，姓颜，名征在。颜姓在当地是个大族，与孔氏家族同样居住在陬邑尼丘山下。

此时的叔梁纥已经66岁左右，但他仍然希望这位夫人能够给他生一个健康的儿子。为了实现这个心愿，叔梁纥还带着新夫人多次到位于曲阜东南的尼丘山上祷告。

终于，在公元前551年（鲁襄公二十二年）农历八月二十七日，在鲁国昌平乡的陬邑这个地方，颜征在生下一个健康的男婴。为了感谢尼丘山赐予孔门新的生命，叔梁纥就给这个男婴取名为丘，因在家中男孩中排行第二，所以字为仲尼。

这个小小的生命，就是日后对中国乃至世界产生深远影响的圣人孔子。而后来的曲阜，也因为这位圣人的足迹被越来越多的人参观、敬仰。

襁褓之中的孔丘随着时间一天天长大，而且也长得很壮实。周岁刚过，他就可以满地跑了，个头也比同龄的孩子高出许多。

孔丘不但长得结实，还十分聪明，记忆力也好，父母教他的东西，他很快就能学会。天生的聪明固然是一方面，后天的教育也是相当重要的。孔子后来之所以能够成为中国历史上的伟大人物，与他少年时期所受到的教育有着很大的关系。

我们前面说了，孔子的母亲颜征在出身于陬邑的大族。既然是大族，家境自然不错，也能有足够的条件读书习字。由此可以推断，孔子的母亲是受过教育的，日后充当儿子的启蒙老师想来也应该绰绰有余。

然而不幸的是，在孔子3岁这年，父亲叔梁纥由于年纪较大，一次偶感风寒而一病不起，不久便撇下娇妻爱子，撒手人寰。

此时，孔子的母亲颜征在也只不过20多岁，却一下子变成了寡妇，巨大的打击让她痛不欲生。

更让颜征在难以忍受的是，叔梁纥一死，孔家便成了他的第一位夫人施氏的天下了。施氏为人心肠狠毒，本来就看不惯丈夫再次娶妻纳妾。现在丈夫死了，家中一切事都是她说得算，对颜征在及小孔子自然不会善待。

颜征在在孔家无法再生活下去，只好带着年幼的儿子离开陬邑，移居到鲁国都城曲阜城内的一个名叫阙里的小巷子中，开始了清贫而艰辛的生活。

与颜征在母子一起来到阙里的还有孟皮。此时，孟皮的母亲已经去世，现在父亲又死了，比孔子还要可怜。颜征在心地善良，同情孟皮，不忍孟皮受施氏虐待，便将孟皮也一并带了过来。

一个年轻的寡妇，带着两个年幼的孩子，背井离乡，过着清贫的生活，其艰难程度可想而知。

曲阜是颜族的聚居区。据《史记·仲尼弟子传》中记载，在已知姓名的70多位孔子的学生当中，颜姓9人，均为鲁人。鲁，就是指鲁城曲阜（如果说曲阜以外的鲁地，就会直言其地名），可见这里颜姓较多。

而这些颜姓的学生及春秋时期见于史籍的其他颜姓人物，没有一个是鲁国的贵族。由此也可以推断，生活在鲁城的颜族大概都是普通的居民。这样一来，颜征在移居到这里，虽然能够得到同族亲友的照顾，但也没有高门显贵可以依附，主要还是靠自己谋生糊口、颜征在住在城西南的平民区，她的一位女性邻居也是从陬邑迁居来的普通人家，儿子名叫挽父，可能是一位车夫。在地位卑贱、缺乏资助的情况下，颜征在母子三人的生活艰难程度可想而知。

因此，年少时期的孔子虽然有机会进入当地的平民学校学习，但多数时间还是要跟随母亲一起从事劳动，帮助母亲种田、种菜，赚些小钱贴补家用。正因为孔子从小就有这方面的生活体验和实践知识，所以后来他才有能力担任季氏乘田（管理放牧），樊迟向他请教种嫁、种圃等问题。

后来在《论语·子罕》中，孔子在回忆自己的少年生活时，也十分感慨地说：

"吾少也贱，故多能鄙事。"

意思是说：我少年时生活艰难，故而会干一些粗活。生活的重担，过早地落在了这位贫苦少年的身上。

关于孔子的出生，有很多故事传说。据传说，孔子还未出生时，其母颜征在便梦见北方黑帝召见她，并告诉她，在不久的将来，她会生下圣子，应选择一个名叫空桑的地方作为圣子出生的地方。那黑帝还赐给颜征在一把玉尺，上面刻着一行字，就是"水精之子，继衰周而素王"。10个月后，便真的有麒麟前来送子。而故事中所说的空桑之地，扁丝尼山的坤灵洞。

第二章　慈母教子

玉不琢，不成器，人不学，不知道。是故，古之王者，建国君民，教学为先。

—— （春秋）孔子

（一）

鲁国是周朝初年周公的封地，保留着比较完整的商周文华，曲阜也被公认为是当时的文化中心。

在鲁国，周礼是人们的行为准则，上至鲁公，下至卿士，都按照周礼的规章制度生活行事。不管是国家大事，还是民间活动，都要严格按照礼来办事，否则就会被认为是大逆不道。但到了春秋时期，鲁国国势渐弱，周礼随之也有所改变，出现了礼乐崩坏的局面。

随着孔子的一天长大，母亲颜征在对孔子的教育也由开始的竹简逐渐转变到后来的铜器铭文。这些铜器上的铭文记载的都是一些古时候的仪式与文告，《史记·孔子世家》中就有这样的记载：

孔子为儿嬉戏，常陈俎豆，设礼容。

这个"俎豆",就是当时祭祀时存放供品的一种或圆或方的祭器。孔子玩耍的玩具变成了祭器,那么玩耍的内容自然也就变成了如何摆放祭器和进行磕头行礼了。如此枯燥的游戏,孔子竟然玩得不亦乐乎,可见他对此的好奇和热爱程度非同一般。

鲁国的宗府与阙里相隔不远,春秋两季总有许多贵族身子是鲁国的国君来这里祭祀。每逢到了祭祀宗庙的时间,孔子就禁不住祭祀音乐的召唤,跑过去观看。加上之前从铭文上得到的一些祭祀知识,久而久之,孔子对祭祀的整个程序便了然于胸了。

回到家后,孔子便经常用一些小木块作为祭器,用小泥团作为供品,空白的墙壁就是被祭祀者威严的化身,上香、献爵、奠酒、行礼、读祝……活灵活现,神气十足。而且,各个环节的次序,每一次都不会乱。

看到孔子的怪异行为,母亲好奇地问道:

"难道你想学习礼制,将来要做管理庙宇的礼官吗?"

孔子虽然年幼,但回答这个问题却一点都不含糊。他很认真地回答母亲说:

"我不只要做官庙的礼官,还要把周公旦创制的周礼一一整理出来,然后推行天下。"

听了孔子的回答,母亲十分高兴。因为"礼"为"六艺"之首,这对将来能够走上仕途之路会有很大的帮助。

因此不久以后,母亲便用自己辛苦积攒下来的钱为孔子买了一整套祭器。当孔子从母亲手中接过这套崭新的祭器时,高兴得合不拢嘴,同时也懂得了母亲对自己的希望,以及对自己人生理想的支持。

从此以后,孔子越发加倍努力学习祭祀的各个程序。古代的礼、乐是相连的,所以,孔子也要逐渐学习庙堂音乐,学会了使用一些乐器。庙堂音乐配上庙堂之礼，似乎有一种神秘的力量，让孔子沉湎其中，自得其乐。

随着孔子的不断演习，周围的小伙伴们也都纷纷被吸引过来，加入到祭祀的行列之中。孔子有模有样地指挥着他们，就像当上了真正的主祭。

（二）

转眼之间，孔子已经长到10岁了。在母亲颜征在的悉心照顾下，孔子善良、懂事、勤奋、好学，俨然一个谦谦小君子。母亲看在眼中，十分欣慰，觉得自己再苦再累都是值得的。

当时曲阜的教育发展比较好，礼、乐、射、御、书、数六所学校全面发展。为了能让孔子接受正规的教育，母亲将孔子送到了离家不远的小学堂中学习。

刚开始时，孔子每天十分愿意去上学，回家后就认真复习功课。可时间不长，孔子就对学堂失去了兴趣。每天到了上学的时间，他还是磨磨蹭蹭不肯去。母亲感到纳闷，就问孔子原因。

原来，小学堂里的老师教授给学生们的知识都是孔子已经学过的，而新教的知识孔子又学得特别快，在别人还在练习时，孔子就已完全掌握了。老师为了照顾其他的学生，每天教授的新知识很有限。

这让孔子很着急，每天学不到新知识，在学堂里不就是浪费时间吗？于是，孔子就主动找到老师，希望老师能私下教授他一些新知识。但老师并不同意，并不是老师不喜欢这个聪明的学生，而是班里的学生太多，老师精力有限，根本顾及不过来。

母亲听了孔子的解释，也很着急，就想将孔子送到陶君谟先生的门下学习。陶君谟是一位很有学问的夫子，在鲁国赫赫有名，鲁国公室中的许多高官都经常向他请教问题。他不仅熟悉《三坟》《五典》及东周以前的一些古代传说，还会背诵当代和前代的大量诗歌，通晓历代的各种典章制度，可以说是通晓古今，博学多才。

但是，陶君谟夫子这样有学识的人，招收学生的要求自然也是十分苛刻的。所以，当颜征在第一次带着孔子去拜访陶先生时，陶先生一口就回绝了。在颜征在的一再恳求之下，陶先生才勉强给了孔子一次面试的机会。

一面试，陶君谟先生立刻被孔子的聪明和学识吸引住了，最终破格招收了孔子这个学生。可见，孔子当时的学识在同龄人中的确是很了得的。

跟随这位博学多才的陶先生学习，孔子进步得很快，并且很快就成了学生中的佼佼者。学生聪明好学，老师自然喜欢，所以，陶先生便提升孔子作自己的助手。当其他学生遇到难题时，老师就让他们去找孔子解答。

孔子对这份工作也很认真负责，给同学讲解问题时也十分详细认真。在帮助其他同学的过程中，孔子自己对所学的知识也进行了复习和巩固，因此进步更快了。

有了一定的文化基础，久而久之，面对问题时，孔子就有了自己的一些见解和看法。老师在与他交流时，也经常能感受到他思想的睿智与深度。

有一次，陶先生给学生讲"尧舜禹汤"的故事，尧舜以天下让贤，禹汤以天下传子孙。一个是让贤于有德之人，一个是传位给自己子孙，也就是我们所说的"禅让"。对此，学生们便有了争论，有人说尧舜好，有人认为禹汤好，双方各执一词，互不相让，几乎要吵了起来。陶先生见状，也不知该如何向学生们解释。

这时，孔子站了起来，大声向同学们说：

"大家都不要争执了，你们的观点都是正确的！"

同学们一听，都感到很惊讶，并一齐将目光投向了孔子，纷纷问道：

"你这是什么看法呢？怎么可能有两个都对的道理？"

孔子不慌不忙，缓缓说道：

"大家想一想，将帝位传给一个人的标准是什么？答案很简单，那就是这个继位者必须优秀。既然这样，只要是天下最优秀的人，就都有资格接受帝位，即使这个人是他的儿子又怕什么呢？"

孔子的这番话说得大家哑口无言，随后连连点头称是。旁边的陶先生更是不禁为孔子的说法连连点头。

在学习各种知识的同时，陶先生也会教授学生们一些音乐知识，每天都会安排一节音乐课。孔子之前曾学过一些音乐，并且还会吹奏笛子、箫一类的乐器，所以也自然而然地成了学生们的小老师，引导他们吹吹打打，演奏各种乐器。

陶老师看到孔子的音乐知识也很丰富，干脆就将音乐课交给孔子负责。孔子很高兴，自己学到的知识终于派上了用场，因此教授过程中也十分认真。在演奏时，即使有一点点的差错，他也要求大家重新演练。

如此丰富的助教经验，如此认真、严谨的学习态度，为孔子日后从事教育事业奠定了坚实的基础。

（三）

正当孔子大踏步地向更加广阔的人生领域迈进时，人生中的一个重大打击降临在他的头上。

　　公元前535年，即鲁昭公七年，孔子17岁时，母亲颜征在去世了。虽然颜征在嫁入孔家的前几年衣食无忧，但自从丈夫叔梁纥去世后，她就一个人带着孔子相依为命，在随后的十几年中，含辛茹苦将儿子养大，并且将他培养成远近闻名的小贤人，其辛苦程度可想而知。所以，颜征在年轻早逝，肯定与积劳成疾有着很大的关系。

　　面对母亲的离开，孔子无比悲痛。但是，他并没有被极度的悲伤击倒。好在这时的孔子已经读书明礼，知道母亲是个苦命之人，年轻守寡，又孤身一人将自己带大。于是，孔子在悲痛之余，还将对母亲的热爱藏在心头，并牢记母亲对自己的殷切期望，继续努力提升自己。

　　在葬好母亲后，按照当时的风俗，孔子要为母亲守孝三年。恰在这时，发生了另一件事，再一次给了孔子巨大的打击。

　　当时，鲁国有三大贵族，分别是季孙氏、孟孙氏与叔孙氏，他们是鲁桓公的三个儿子季友、仲庆父和叔牙的后裔，被称为"三桓"，是正宗的皇亲国戚，因此也掌管着鲁国的大权。

　　在"三桓"之中，以季孙氏的权势最大。拥有巨大权力的季孙氏，也渐渐滋生了僭越的野心。但这种心思只能暗暗盘算，表面上他还要做出一副礼贤下士的样子，借以笼络人心。

　　一天，季孙氏在鲁国宴请士子，听说鲁国众多的士子都赶过去赴宴了。此时，孔子正在家中守孝，但涉世未深的他听说鲁国宴请士子的消息后，心中就想：别的士子都可以去，我怎么不去看看呢？趁着这个机会也许能多结交一些士子，还能与季孙氏认识一下，凭借自己掌握的知识和精通的礼仪去打动他们，说不定还能得到季孙氏的赏识。运气好的话，或许还能得到向鲁国国君推荐自己的机会，那样自己入仕的道路不就好走多了吗？

　　想到这里，孔子便换了一身衣服，兴冲冲地向季孙氏府中走去。到了门口一看，这里果然是车水马龙，人来人往。

孔子整了整衣服，便跟随着其他人一起走进季孙氏家的大门。可孔子还没走到门口，就从大门中走出一个人，蛮横地拦在孔子面前，恶狠狠地向孔子呵斥道：

"季氏宴请的是士，你来这里干什么？"

孔子一看，拦住他的正是季孙氏的家臣阳虎。本来兴冲冲地前来赴宴，没想到却被阳虎当头泼了一盆冷水，年少家贫的孔子不敢争辩，只好尴尬地转头走了。

这是孔子有生以来所遭到的最大的耻辱，在一个立志要在社会上站住脚，并想进入贵族阶层的青年来说，心里的痛苦是难以承受的。然而孔子也很清楚，自己此时势单力薄，根本无法与之抗衡。

这一次的打击是孔子一辈子都无法忘记的。但是，经过这一次挫折后，孔子学习更加勤奋，他决心依靠自己的努力，通向未来的立身之途。

楚国讨伐陈国，陈国被攻陷，城门被毁坏，于是楚国人就让投降的民众来修城门。孔子经过这里，看到这种情况，没有对这些人行任何礼就过去了。子贡向孔子问道："按照礼的规定，从三个人前面过去就要下车行礼，从两个人前面过去就要扶着车子前面的横木向他们行礼。现在陈国人修城门的有这么多人，夫子却不向他们行礼，为什么呢？"孔子说："自己的国家要被人灭掉了却还不知道，这是没有智慧；知道国家要被人消灭却不奋力抗争，这是对自己的国家没有忠心；国家被人灭亡了，却不能拼死反抗，这是没有勇气。在这里修城门的人虽然多，但是，对这三个方面没有去行其中任何一个，所以我才不向他们行礼。"

第三章　初入官场

学而时习之，不亦乐乎？

——（春秋）孔子

（一）

春秋时期的鲁国，由于是周礼奠基者周公旦的封国而富于礼乐文化传统，因此也成为当时仅次于京师洛邑的礼乐文化中心，其文物典籍之丰富为许多人所向往。

鲁襄公二十九年（公元前544年），即孔子7岁时，吴国贵族学者季札到鲁国观乐，为鲁国丰富的传统诗乐而叹为观止。4年后，即孔子11岁时，晋国大夫韩起到鲁国访问，观书于太史氏，得以见到《易》《象》《鲁春秋》等文化典籍，赞叹"周礼尽在鲁矣！"这种文化条件以及当时文化下移的形势，无疑为孔子的学习提供了良好的环境。

在青少年时期，孔子的学习分为两个阶段：15岁以前上的是平民学校学习，15岁以后便转入自学阶段。

对于孔子来说，在平民学校所受到的教育也是十分重要的。在那里，孔子不仅获得了一般的文化知识和军事训练知识，还受到了传统礼仪活动的熏陶，从而为他日后的自学打下了基础。而且，孔子熟悉射、御，懂得军事，这同他小时候所受到的平民学校教育是分不开的。

随着年龄和知识的增长，平民学校的教育已经不能满足孔子的求知欲望。在无法进入贵族子弟大学深造的情况下，孔子决心自学。他后来回忆说：

"吾十有五而志于学。"

也就是说，孔子从15岁开始便进入自觉的自学阶段，其自学的内容主要包括《诗》《书》礼、乐等。

《诗》又名《诗三百》，是西周以来中国古代诗歌的一部总集，后称《诗经》。《书》是春秋中期以前的中国历史文献汇集，后称《尚书》或《书经》。《诗》和《书》都是孔子成年后在鲁国设教的两门课程，因此它们必定是孔子在设教以前研读过的。

礼，即有关社会礼仪制度；乐，主要是附于《诗》而用于礼的乐曲。礼和乐都没有专门的书籍，要了解这两方面的知识，就必须进行广泛的收集、调查和向他人请教。

为此，孔子做了大量的工作，而且始终态度严谨，涉及的范围也不仅限于礼乐，还包括各种神话传说、历史轶闻、民风民俗、天文地理等。

有一次，郯国的国君来鲁国访问，孔子听说他有丰富的历史文化知识，就虚心地向他请教。

鲁国的太庙中陈列着许多文物古器，鲁国君臣经常在这里举行政治礼仪活动，是了解周、鲁史迹和有关典章制度的重要地方，为此，孔子经常来这里考察，每每遇到不明白的，都会向别人请教。

孔子这样谦卑地学习，曾被一些人瞧不起。他们说：

"谁说那个叔梁纥的儿子懂得礼法？他到太庙后，什么事都要问！"

孔子听了，不以为然地辩驳说：

"这就是礼啊！不懂就问，这本身就是符合礼的行为啊！"

（二）

孔子还经常向鲁国的乐官师襄子学习弹琴。在学习弹琴时，孔子特别注重领悟乐理乐义，这其中流传着这样一个故事：

有一次，孔子弹奏一支名曲，一连弹了十日也不调换别的曲子。师襄子有些奇怪，就建议他再弹奏别的乐曲，而孔子却回答说：

"我已经熟练了这支曲子，但我还没有领悟它的技术。"

过了几天，师襄子又对孔子说：

"您已经掌握了这支乐曲的技术，可以进一步弹奏其他的曲子了。"

孔子回答说：

"可是我还没有领悟它的用意呢。"

又过了几天，师襄子对孔子说：

"您已经了解了它的用意，可以进一步学习弹奏其他的曲子了。"

孔子又回答说：

"可是我还没有领悟它所描写的人物形象呢。"

几天后，孔子默然有所思，向高处远眺，缓缓说道：

"我可能已经领悟到这支乐曲所要描写的人物形象了，这个人长得黑，高身材，眼睛向上看，好像要统一四方，这不就是周文王吗？"

师襄子听了孔子的话后，对孔子十分钦佩，遂离席向孔子行礼，说道：

"这支曲子就叫做《文王操》啊！"

在求学的道路上，孔子从来都是谦虚谨慎，既向各种名人学习，还不耻下问地向普通人学习，向他所遇到的一切有识之士和有一技之长的人求教，从他们身上不断汲取知识和精神力量。他以自己的切身体会反复强调：

> 十室之邑，必有忠信。
> 德不孤，必有邻。
> 见贤思齐焉。
> 三人行，必有吾师焉。

这种虚怀若谷的好学精神，使孔子汇集百川而成大海，从而令其学识远远地超过了旧学"六艺"的范围，成为一个百科全书式的渊博学者。

为了学习和掌握所学到的知识，孔子也努力做到学思结合而废寝忘食：

> 吾尝终日不食，终夜不寝，以思，无益，不如学也。

在孔子以前，还没有自学而成名者。所以，孔子是在没有任何借鉴的情况之下，独自走上自学道路并获得巨大成就的。对这样一位没有师承关系的大学问家，同时代的人经常有感到困惑不已的地方。

有一次，卫国的大夫公孙朝问孔子的学生子贡：

"仲尼的学问到底是跟谁学习的呢？"

子贡听了，有些不高兴，便回答说：

"我的老师何处不学？为什么一定要有人传授呢？"

也有人认为，孔子的学识可能是生来就有的。对此，孔子没有完全否认世界上有所谓的"生而知之者"，但在他看来，这是常人难以做到的，也不知道谁能够做到这一点。他以自己的亲人经历体会到，人的知识和才学是努力学习的结果。为此，他总是勉励人们努力学习：

> 我非生而知之者，好古敏以求之者也！

（三）

随着时间的推移，孔子的道德修养和各种才能已经越来越成熟了，整个人看起来，博学多才、威武挺拔、气质儒雅。这时，为母亲守孝三年的期限已满，孔子也19岁了，在当时那个社会已经到了谈婚论嫁的年龄。

母亲颜征在在世时，曾为孔子定好了一门亲事，对方是宋国一家姓亓官的小姐。可惜的是，母亲还未来得及为他娶妻过门就去世了。虽然现在孔子只是一个人，但因为他的好名声和好人缘，在诸位街坊的帮助下，不久后孔子便迎娶了宋人亓官氏为妻。婚后一年，亓官氏为孔子生下一个儿子。

儿子满月这天，邻居们都纷纷前来道贺，还送来许多礼物。孔子很高兴，忙着招待客人。这时，孔子忽然听到门外一阵喧闹喜乐之声，随后便有人跑进来大声喊道：

"鲁君派人送礼来了。"

由此可见，孔子当时在鲁国有多大的名气，就连鲁国的国君都来给他送礼。

孔子听后，也很吃惊，急忙出门迎接，果然看到一位宫人手里提着一条活蹦乱跳的大鲤鱼朝他走来。

国君之赐，让孔子深以为荣。已经娶妻生子的孔子，每每面对生活的艰辛、家境的困苦、人生的理想难以实现时，总会感到迷茫。而今看到国君给自己送来的礼物，孔子犹如看到了改变现状的一丝曙光，对未来充满了美好的向往，对当权者也充满了期待。

为了感谢鲁君赐鱼的厚爱，孔子特给儿子取名为鲤，字伯鱼。

由于鲁君的关照，孔子获得了进入鲁太庙（即周公庙）帮忙祭祀的机会。以前，孔子对于周礼的学习都只是揣摩和观测，从未亲自实践过；而今可以接触到真正的祭祀器物，他自然十分高兴。

不过，孔子仍然保持着一种谦虚谨慎的态度，对每件器物都详细询问，一副好像什么都不懂的样子。因此，有人就在背后议论说：

"谁说陬邑大夫叔梁纥的儿子懂得周礼啊？"

孔子听后，并不解释，只是淡淡一笑说：

"这难道不是知礼吗？"

按照周礼演练多次的孔子，对周礼早已熟记于心，怎么会不懂得周礼呢？他只是通过询问对自己所掌握的知识进行一一验证，并对自己存有疑惑的地方一一解惑罢了。如此严谨的治学态度，着实让人佩服。

不过，娶妻生子所带来的快乐和随之而来的家庭经济负担，也让孔子不能不努力谋生而受役于人。据史书记载，孔子还曾担任过丧祝——一种以相礼祝丧为职业的民间术士，即担任民间红白喜事时吹鼓手的工作。

孔子以前跟随先生学习时，曾学过好几种乐器的弹奏方法，加上他又熟悉各种祭祀礼仪，因此，谁家中有事，都会找他去演奏，这也为孔子的经济生活增加了一份收入。

（四）

孔子去季孙氏府中受辱的事，后来季孙氏府中的主人季平子也听说了。开始时，他以为孔子不过一介书生，没什么值得注意的，因此也没将这件事放在心上。但随着孔子的名声越来越大，尤其是他的儿子出生后，鲁君竟然派人送了礼，这让季平子觉得，自己应该抓住这个机会将孔子拉拢到自己身边来。

因此，大概在孔子20岁的时候，季平子在自己的府中给孔子安排了一个做"委吏"的小官，即仓库管理员。这份工作看起来很简单，但做起来却很有难度，孔子的前任就是因为管理混乱和贪污受贿而被季平子撤职的。

随着这个职位很低微，但孔子并不嫌弃，而是将这个工作作为锻炼自己能力的机会，尽心尽力去做。因此上任后，孔子便开始利用自己学过的数学知识认真清点物资，审查账目，征收租税，料量升斗，秉公办事，就连出纳会计这些事都做得清楚明白。

不到半年的时间，孔子就将季平子交给他的烂摊子处理得井井有条，仓库中的粮食也堆得满满的，账目也做得一清二楚。季平子想不到孔子这个年轻人竟有这样的能力，于是又委派给他另一份工作——担任"乘田"。

在今天看来，"乘田"也许是一份比"委吏"还要卑贱的工作，因为这是一份管理、饲养、放牧牛羊等牲畜的工作。

不过，在周初时，"牛人掌养国之公牛，以待国之政令"，牛主要是用来祭祀、盟会时的菜肴。到了孔子生活的时代，有了生铁铸造的农具，牛便成了重要的耕田工具，从而使牛的地位有了进一步的提高。所以，孔子所担任的"乘田"的这个职位虽然卑微，但对于农业生产却十分重要。

孔子很小的时候，迫于生计，曾与母亲一起给有钱人家放牧过牛羊，因此很了解牲畜的习性，也掌握一些饲养的技术。上任不久，他就根据牧场里的情况，制定了一套管理措施，比如，未成年的牛羊要一律放牧，这样既能节省草料，又能强健牲畜的身体；要经常清理畜舍，垫上洁净的干土，铺上干草，让牛羊不在露天过夜，防止瘟疫的发生；等等。

不到一年的时间，孔子管理的牧场里的牛羊一个个膘肥体壮，数量也大大增多，完全超出了季平子的预料。

（五）

经过这两件事，孔子的名气更大了，大家都对孔子的言行也愈发敬重起来。此时的孔子，同之前那个不谙世事、贸然赴季孙氏之宴而遭遇冷落的少年孔子相比，已经完全成熟起来，他身材高大，出人一头，时人称之为"长人"；前额高隆，双目平正阔长而清澈，给人一种强健而睿智的印象。而且，他办事认真，待人和蔼，谦虚好学，俨然一副谦谦君子的模样。

而在担任小吏期间，孔子时刻都没有忘记读书。尤其是在季孙氏府上时，更是有机会阅读到鲁国大量的典藏，这些典藏让孔子的文化修养和礼数都获得了极大的提高。

除了从书本中学习各种知识外，孔子还注意从其他途径学习古代礼仪、典章等文史知识。鲁昭公十七年（公元前525年）秋天，郯国的国君郯子来到鲁国，拜会鲁国君臣，鲁昭公设宴款待郯子。

席间，鲁国大夫叔孙昭子便向郯子询问少昊氏以鸟名命名官职的情形。少昊是古代的部落名，其故址即奄（曲阜）。西周初年，周公长子伯禽代父受封于此。郯子为少昊的后人，因此叔孙昭子提出这样的问题。

对此，郯子作了详细的回答，他说：

"从前，黄帝氏用云记事，故百官都用云来命名；炎帝氏用火记事，故百官都用火来命名；共工氏以水记事，故百官都用水来命名；大昊氏以龙记事，故百官都以龙来命名；少昊挚即位时，恰逢凤凰来到，故而以鸟命名百官。"

然后，郯子又详尽地解释了以鸟命名的各个官职的分工情况。郯子是一位熟悉古代典章制度的人物，他所谈到的黄帝、炎帝、共工、太昊、少昊氏都各有所纪，及少昊氏以鸟名命名官职的情况，也反映了古代氏族社会图腾崇拜的情形。这一切，对春秋时期的人们来说，已经是十分久远的历史了，而郯子却能如数家珍，娓娓道来。

孔子听说了郯子的这番宏论后，十分钦佩，于是便来拜见郯子，向他请教学习。这时，孔子已经27岁了，在当地也有些名气，故而也受到了郯子的接见。

从郯子那里，孔子不仅学到了许多闻所未闻的知识，也感受到了当时学术流散情况的严重，因此两人会见后不久，孔子就向别人说：

"我听说，'天子失官，学在四夷'，这话是应该相信的。"

所谓"天子失官，学在四夷"，指的就是周厉王、周幽王以来文化日渐下移的形势。厉、幽之乱及周平王东迁、王室衰微导致大批的王室文化专职人员失职而流散四方，他们所掌握的学术知识和一些文物典籍也散失或流入边鄙异姓之国（四夷）。

而孔子对这种状况的忧虑以及由此而产生的勿让传统文化湮没的责任感，也使他以后更加注重对文化遗产的收集和保护，并成为他日后致力于传统文化教育事业的初衷之一。

孔子来到楚国，有一个卖鱼的人坚持要把鱼献给孔子，孔子不接受，卖鱼人就说："天气炎热，我到很远的集市上去卖，结果没有卖出去，我想，与其让它腐烂或丢弃，不如献给君子。"孔子拜了两拜，才肯接受，并让弟子扫一扫台阶，准备祭祀一下。弟子说："人家本来是想丢弃的东西，现在您还要祭祀一番，为什么呢？"孔子说："我听说有这样一个说法，有施与之心而不使有余的财物腐烂的人，就是圣人的行为。现在我接受了圣人的赐予，怎么能不祭祀一下呢？"

第四章　兴师办学

三人行，必有我师焉。择其善者而从之，其不善者而改之。

——（春秋）孔子

（一）

孔子一生当中，最崇拜的人就是周公，念念不忘的也是恢复周的礼乐制度和王道德治。这一切在《论语》一书中得到了较多的反映。

周公，即周公旦，周文王的第四个儿子，周武王的同母弟弟，其采邑在周地（今陕西岐山以北），曾为太傅（系三公之一），因此被人们尊称为周公。

周武王去世时，继位的周成王年幼，周公担心天下诸侯得知武王驾崩的消息后，欺负成王年幼而发动叛乱，于是便代替成王摄政当国。

在当国期间，周公励精图治，传说他为接待各方人物，常常"一沐三握发，一饭三吐哺"。由于勤勉政事，周公当国期间，周朝的社会得以稳定，经济得以发展，周公也因此受到成王和朝野臣民的尊崇。

周公死后，成王为了褒扬周公的功绩，特许鲁国以天子之力祭祀周公，并在鲁国为周公建立了太庙，让鲁国岁时祭祀。此后整个春秋时期，乃至整个封建社会，周公都一直被人们视为"圣人"，是贤相的典范。

周公也是孔子最为崇拜的偶像。在孔子看来，周公的文治武功都是无人可及的。尤其对周公的"制礼作乐"，孔子更是倍加赞赏。

然而从当时的社会环境来看，能达到周公那样的文治武功，对孔子来说又是可望而不可即的。对于孔子来说，比较现实的做法就是继承周公的某一方面，并将其发扬光大。因此，孔子决心对周朝的典章礼乐进行继承和发展，并加以宣扬。而继承和宣扬这些典章礼乐最理想的途径就是办学。

与此同时，鲁国当时的环境也为孔子办学提供了更为便利的条件。首先，鲁国具有丰富的古代典籍和完整、系统的礼乐制度，这就为孔子从事教学提供了最基本的"教材"；其次，鲁国的教育事业，尤其是私人办学的不断出现，也为孔子办学提供了良好的社会环境。

除了以上两条外，还有最重要的一点条件，那就是古代的鲁国有着浓厚的重教向学传统。自从鲁国的第一代君主伯禽开始，鲁国就十分重视教化臣民。在贵族子弟的教育方面，修有泮宫，即专门的"大学"。最开始时，泮宫只是君主举行庆典、教化臣民的场所。后来，泮宫才逐渐发展成为专门的学宫。

到了春秋末期，由于周王朝王权旁落，其文化教育也渐渐式微。各国诸侯都忙于争城掠地、主盟争霸。在这种情况之下，各国的官方教育事业也在一定程度上呈现出衰颓之势。

但是，在鲁国，教育却一直都受到社会的普遍重视。比如鲁僖公在位期间，鲁国就重修了泮宫。到孔子生活的时代，鲁国的臣民仍然有重学的风气。如鲁昭公十八年，即孔子28岁时，鲁国大臣闵子马曾针对有人提出的"可以无学，无学不害"的说法说过一段话，很能代表鲁国人对教育的重视程度。闵子马说：

"夫学，殖也；不学，将落。"

这句话的大意是说：兴学，是国家繁盛的根本；教育不能昌盛，那么国家就会败落下去。将办学与国家兴亡联系在一起，可见当时鲁国人对办学的重视程度。在这种十分重视教育的社会氛围当中收徒执教，自然也成为一种很受人尊敬的职业。

据《庄子》一书中所记载，与孔子同时代的鲁国人王骀就曾经聚徒讲学，而且成效显著，让孔子十分钦佩，甚至讲了要以王骀为师的话。

另外，与孔子同时代而又兴办私学的还有一位大名鼎鼎的少正卯。少正卯是鲁国的"闻人"。他聚徒讲学，十分成功，据说后来曾使得孔子门下弟子多数离孔子而去。

由此可见，王骀、少正卯等人或许早于孔子，或许与孔子同时兴办私学。这也说明，在孔子之前，已经有人打破了"学在官府"的藩篱，形成了私人办学的风气了。

（二）

基于追迹周公的理想，受鲁国重视教育、私人办学风气的影响，在衡量各方面的情况后，并结合自身的条件，孔子也决定将办学这一职业作为自己最初的人生追求。而孔子的这一选择，对其一生乃至整个人类社会来说，都是至关重要的，否则，便不会有孔子学说及儒家学派。

孔子具体办学的时间已难以确定，大约是在其30岁之前，因为孔子曾说过"三十而立"的话，表明他在30岁时就已经自立于社会。既然这样，至少在30岁之前，孔子已经有了自认为十分称心的职业，足以自立于社会。如果没有这一点，自然也就谈不上自立了。

关于孔子办学的地点，大约应该在阙里街的孔子故居中，也就是现在的孔庙内，而招收学生的标准，大抵也是极其灵活而宽泛的，因为孔子曾说：

"自行束修以上，吾未尝无诲焉。"

意思是说：只要自愿拿着十条干肉为礼来见我的人，我从来没有不给他教诲的。不过，历代以来，围绕着"束修"二字，学者们争论不休，但对"束修"的解释大体上有两种。

一种解释认为：束修就是一束肉干。修，即脩，指的是干肉，又叫脯，每条脯为一脡。十条为一束。所以，束修就是指十条肉干。《礼记》一书中，还记述了以酒、束脩、犬等物品送人的礼仪，可见"束修"最初是作为"实物"馈赠他人的礼品，后来才演变成为拜师的礼品。

而另一种关于"束修"的解释是：

"束修，谓束带修饰。"

这种解释认为，"束修"就是指一个人到了13岁或15岁，结发束带，修饰仪容，可以入学或参与社会活动了。对此，汉代也有同样的说法。郑玄在其所注的《论语》中，就认为"束修"是指"年十五以上也"。

从"束修"的本义及引申义来看，"束修"只是一种实物，即十条肉干，古人作为进见之礼，后来逐渐演化成为入学受教时，须带这些礼物，只是一种风俗而已。

由于"束修"与入学联系在了一起，所以胡人便望文生义，将其理解为入学时一定要束发修饰；且古人一般都在15岁左右入学，故而又有了"束修"是指15岁之说。

事实上，到了孔子生活的那个时代，"束修"已经成为一种礼仪的代名词，孔子这句话的意思可能是说：凡是对我执师长之礼的，我没有不教诲他的。以孔子悲天悯人的情怀，断不会为难自己的弟子——因为孔子的弟子中不乏十分贫穷之人，他们可能根本拿不出十条肉干，那个时代，吃肉基本都是贵族们的事情。

所以说，从孔子办学开始，对学生便不分社会地位的高低、身份的卑贱以及家庭条件的好坏，凡是对其执礼求教者，孔子都一概耐心教导。

（三）

孔子刚一开始办学，便以其博学和明理达义而赢得了乡亲们的信任，大家都乐意将自己的孩子送到孔子的门下学习，远近一些平民子弟也都慕名前来拜师求教。

在尚知姓名的70多位孔门弟子中，凡是年龄较大的，都可能是他早期招收的学生，如秦商（少孔子4岁）、颜路（少6岁）、冉耕（少7岁）、子路（少9岁）、漆雕开（少11岁）、闵子骞（少15岁）等。在这些学生中，大部分都是贫寒人家的子弟，且成名者极少，在史籍中出现的主要有颜路、曾点、子路、琴张等人。

颜路，又叫颜无繇，姓颜，无繇是其名，路是其字。鲁国人，《孔子家语·弟子解》中记其为"颜由，字季路"。

颜路是孔子著名的弟子颜回的父亲，孔子刚开始创办学堂时，颜路便前来求学。不过，颜路一生并无大的建树，大概是沾了儿子颜回的光。唐玄宗开元二十七年（公元739年），颜路被追封为"杞伯"；宋真宗大中祥符二年（公元1009年），被封为"曲阜侯"；元文宗至顺元年（公元1330年），被追封为"杞国公"；明代嘉靖九年（公元1530年），又被改封为"先贤颜氏"。

曾点，字子晳，有些典籍也称其为曾晳。他是孔子的著名弟子曾参的父亲。据说，曾点的先祖是夏少康之子曲烈的后代，曲烈的封地是鄫（今山东省枣庄市峄城区）。鲁襄公六年（公元前567年）被莒国所灭，鄫世子巫公投奔鲁国，三传而至曾点。

曾点虽然是流亡的贵族的后代，但实际上已经沦为平民，生活全靠自身劳作得以维持。他的儿子曾参也经常穿着破烂的衣服从事耕种劳作，而他的妻子也要亲自织布维持生活，可见曾子的生活是不怎么富有的。

子路，又名季路。姓仲，名由，因此也叫仲由，子路只是他的字。子路是孔子最著名的弟子之一，也是孔子最喜爱的学生之一。子路大概出生于公元前542年，比孔子小9岁。

从一些史籍的记载来看，子路的出身也十分贫寒，属于低贱的贫民一类。不过，子路虽出身贫寒，却性格刚猛，勇力过人。他初见孔子时，因自恃勇力，态度粗野。但孔子雍容大度，以礼相待，这让子路感到十分惭愧。

孔子问子路喜欢什么，子路说他喜欢舞剑，孔子就说：

"以你的本领，如果再加上努力学习，一定可以出人头地的。"

子路一听，大喜，便问：

"学习果真有益处么？"

孔子点点头，非常认真地告诉子路学习的重要性，就好像人君离不开谏臣、士离不开教友、驭马离不开马鞭、调弓离不开正弓之器一样。

子路不信，说道：

"南山有竹，人不去管他，照样长得挺直；砍下当箭射，照样能穿透犀牛皮。"

孔子听罢，笑着说：

"如果把砍下的竹子削光，尾巴装上羽毛，头上装的箭头磨得锋利，岂不是射得更深？"

子路一听，十分佩服，事后便请孔子的学生介绍他进入孔门为徒。此后，子路一生追随孔子，并以捍卫孔子为己任，所以孔子曾感慨地说，自从子路做了他的弟子，连难听的话都听不到了。因为别人慑于子路的威猛，都不敢再说孔子的坏话。

（四）

孔子办学初期，学生主要都是贫寒人家的子弟，且以鲁国人为主。孔子创办私学，在鲁国也产生了较大的影响，这也为孔子日后的发展奠定了基础。

孔子教学的主要内容，大概是以"六艺"，即礼、乐、射、御、书、数等为基本课程。这六门课程在当时都具有很强的实用性。比如，礼、乐可以为诸侯、大夫的各种活动相礼；射、御则用于为诸侯效命疆场；书则用于为诸侯记事典史；数则用于为诸侯、贵族会计赋税。

当然，孔子教学的内容还不仅仅局限于这些内容。从《论语》一书的记述来看，孔子的教学内容是十分复杂多样的。

首先，孔子在教学过程中，关于《诗》（即后来的《诗经》）的内容就很多。因为在孔子生活的时代，在许多外交场合上，都要运用《诗》中的句子来作答，这样既能表达自己的意图，有不会让对方感到唐突甚至受到伤害。《诗》可以说是春秋时期外交语言的大典。

正因为《诗》具有如此重要的作用，孔子在教授弟子们礼、乐、射、御、书、数的同时，还花费了大量的时间来教授弟子们《诗》的内容。在《论语》中，孔子与弟子们谈论《诗》的记载较多。其中，孔子就曾与自己的儿子孔鲤、弟子子贡、子夏等人谈论过《诗》，并一再强调《诗》的重要性。

孔子教授弟子以《诗》，还有一个培养弟子们政治才能的目的，因为他曾说过：

"诵《诗》三百，授之以政，不达；使于四方，不能专对；虽多，亦奚以为！"

在孔子看来，一个人教给他《诗》三百首，让他从政，政情不能顺达；让他从事外交，却难以应对诸侯，那么学得再多也没有用，从中也表明了孔子教授弟子们以《诗》的深意。

其次，孔子教授学生以"礼"和"乐"，也是其早期教学的重要内容。从当时的社会环境、社会对人才的要求推测，孔子早期教学的内容虽然是以礼、乐、射、御、书、数为主，但关于孔子教学内容留下记载较多的，除了《诗》，就是礼和乐。

在《论语》当中，曾多次出现孔子与弟子们谈论"礼"的问题，虽然许多篇章讲的都是孔子从事教育事业后期的事，但其中有有关孔子教自己的儿子学习礼的事，这无疑是在孔子从事教育事业的早期。这说明，孔子很早便将"礼"纳入了自己教学的范畴。

之所以强调"礼"，是因为孔子认为：礼在规范人的行为中有着任何东西都不能替代的作用。在孔子看来，人"恭而无礼则劳，慎而无礼则葸，勇而无礼则乱，直而无礼则绞。君子笃于亲，则民兴于仁；故旧不遗，则民不偷"。所以，一定要让弟子们学习礼、遵守礼，这样才能自立于世。

在孔子的思想意识当中，诗、礼、乐三者是密不可分的。他认为：《诗》可以使人振奋精神，礼则能使人自立，而乐则可以熏陶人的性情，让人有所成就，即"兴于诗，立于礼，成于乐"。孔子早年就曾醉心于音乐，曾向鲁国著名的乐师师襄子学琴。既然孔子有很高的音乐修为，有认识到"乐"对人的性情乃至事业成败的作用，自然也会教授弟子学习这一课程了。

当然，孔子教学的内容并不局限于此，还有许多其他的内容，教学的形式也是灵活多变的。除了以上的内容外，孔子教学的内容大致还涉及到如何从政，讲解"仁"的内涵与意义，如何算作"孝"，"君子"的标准是怎样的，以至于如何做人、如何争得俸禄、如何丧葬、如何祭祀，甚至还包括如何种植作物等等。

由此可见，孔子的弟子所提出的问题也是复杂多样的。虽然上面这些问题并不全是教学初期的内容，但从侧面也说明了孔子教学的一大特点，就是内容的丰富多样性。只要是与当时的社会有关的问题，孔子都会一一为弟子们解答。

关于孔子的教学，《论语》中还进行了很好的总结，即"子以四教：文、行、忠、信"。也就是说，孔子是从四个方面来教育学生的：历代文献知识、社会实践、忠于君侯、信守承诺。前两者主要是"知"和"行"的问题，而后两者则都是"德"的问题。

孔子在讲学时所使用的语言，《论语》是这样写的：

> 子所雅言，《诗》《书》执礼，皆雅言也。

所谓"雅言"，也就是指当时中原各个诸侯国中所通用的语言。孔子在读《诗》《书》等典籍时、行礼时，所用的都是"雅言"，所以他在教学过程中所运用的也应该是"雅言"。

孔子说："不义而富且贵，于我如浮云。"在孔子心目中，行义是人生的最高价值，在贫富与道义发生矛盾时，他宁可受穷也不会放弃道义。但他的安贫乐道并不能看作是不求富贵，只求维护道，这并不符合历史事实。孔子也曾说："富与贵，人之所欲也；不以其道，得之不处也。贫与贱，人之所恶也；不以其道，得之不去也。""富而可求也，虽执鞭之士，吾亦为之。如不可求，从吾所好。"

第五章　到京师去

温故而知新，可以为师矣。

——（春秋）孔子

（一）

如果说周公是孔子心目中的偶像，那么春秋时期郑国的相子产便是孔子建功立世的楷模。因为周公毕竟是已经作古的圣人，其文治武功无人可及，而子产生活的时代基本与孔子同时，所作作为都符合一个贤明的政治家的本色。因此，孔子对子产极其推崇。

子产，即公孙侨，字子产。他是郑穆公的孙子，历佐郑简公、郑定公两代，当政22年，是一位杰出的政治家和外交家。

据史料记载，子产在当政的第一年，人们怨嗟不已，但到了第二年，却又对他称赞不已。为此，人们还编写了歌谣来歌颂子产：

我有子弟，子产诲之。

我有田畴，子产殖之。

子产而死，谁其嗣之。

　　由此可见，子产在百姓心中的重要地位。

　　作为一个政治家，子产不但致力于富国教民，还以选拔优秀的人才为己任，使他们能够发挥自己的优势，为国家、为人民服务。而对于那些"持不同政见者"，子产也能宽以待之，最典型的就是子产对"乡校"的态度。

　　据《左传》记载：郑国的某些人聚集在乡校中，议论子产当政的得失，一位名叫然明的大臣却劝子产毁掉乡校。子产不同意，认为这些人赞成的，就要实行；反对的，就要改正。这些人就是自己行政的老师，所以不同意毁掉乡校。

　　子产不毁乡校的行为，不仅得到了孔子的赞誉，还受到了历代文人的推崇。

　　在外交方面，子产的行为更令人敬服。当时，郑国夹在楚、晋两大强国之间，而郑国的地理位置却居天下要冲，是楚、晋两国称霸的障碍。为此，楚、晋两国战争不息。子产却能周旋于两个强国之间，不卑不亢，让国家得到了尊重和安全，确实有大政治家的韬略与大外交家的外交艺术。

　　当然，在两大强国的威逼之下，为保证郑国的安危和利益，子产也付出了巨大的耐心和毅力。比如在鲁昭公十三年（公元前529年），晋国主持齐、宋、卫、郑、曹、杞等国会盟，子产相郑伯前往，晋、齐等国想让郑国给周天子的供奉与晋、齐、卫等国一样多。子产据理力争，因为郑国是男一级的国家，而晋、齐是公国，卫是侯国，爵不同列，供奉自然是不能相同的。

　　这场争论一直从中午进行到黄昏，最终由于子产的坚持，晋国才接受郑国的意见。对此，孔子曾高度评价说：

　　"子产于是行也，足以为国基矣。"

这一年，孔子虽然只有24岁，但也足以对一些国家问题提出自己的看法了。

正由于子产在内政、外交等方面的出色表现，孔子曾评价子产具有的四种行为是合乎君子之道的，即：他自身的行为态度是谨严端庄的；他事奉君主的态度是认真负责、勤敬其事的；他教养人民，并施以恩惠；他役使人民时，也是合乎道义的。

不幸的是，这样一位优秀的政治家，在孔子30岁这年去世了。孔子虽然未曾与子产谋面，但对子产却心仪已久。因此，听到子产去世的消息后，孔子十分既感到悲痛，又感到惋惜。

（二）

在孔子30岁这年，还有一件大事发生在孔子身上，那就是齐景公与相晏婴访问了鲁国，而且还召见了孔子。

这一年（鲁昭公二十年，公元前522年），齐景公和晏婴在齐、鲁边境之地狩猎，顺便以请教礼仪的名义访问了鲁国。大概由于孔子熟知历代礼仪，所以孔子得以会见了齐景公和晏子。

齐景公虽然不怎么成器，但齐相晏婴却是一位杰出的政治家。晏婴，字平仲，齐国大夫晏弱之子，后继承父亲之职，历仕齐灵公、齐庄公、齐景公三超，一直以正色立于廊庙，以勤俭自持声闻于朝野。

孔子对晏婴的名声早有耳闻，对晏婴十分尊崇，而且孔子发现，晏婴与自己在对待公室和私家的政治态度上，有着许多惊人的相似之处。

齐景公十六年（公元前532年）时，齐国贵族陈桓子联合鲍氏击败栾氏、高氏，成为齐国最大的卿侯，此后，陈氏的气焰便一日盛似一日。而齐景公却不思进取，一味享乐，齐国公室前景黯淡。

公室日渐衰微，私家日渐强盛，在这种情况下，晏婴却一直扶佐齐君，反对诸大夫的僭越行为，极力维护旧的礼制。从这一点上看，晏婴与孔子的政治观念十分相似。

不过，由于晏婴与孔子会谈的内容史料均无记载，所以无从知道孔子对于晏婴这位资深政治家的来访怀有怎样激动的心情，但《晏子春秋》却给我们留下了一些很有参考价值的资料。

该书中记载，晏婴在出使鲁国时，孔子便让自己众弟子前去观瞻。弟子子贡回来后，向孔子汇报说：

"晏婴并不熟知礼仪，他在鲁国朝廷上的行止完全与礼相反。"

几天后，晏婴亲自来拜会孔子，孔子便就此事请教晏婴，问晏婴在朝堂上的行为举止是否符合礼仪。晏婴认真作了回答，认为从君臣的尊卑关系来看，自己的所作所为只要在大的方面没有什么出格的，小的方面有些变通也是可以允许的。

孔子听了晏婴的话，十分佩服。等晏婴走后，孔子便对弟子们说：

"不依成法行礼的，恐怕只有晏子能做到吧！"

而这件事从侧面也说明，孔子当时在鲁国已经有了很高的社会地位了。事实也的确如此，经过三四年的设馆教学，孔子的名气已经越来越大，许多学生都慕名而来。而学生的来源也不再只限于鲁国，学生的成分也不再只是贫寒人家的子弟。孔子对当时普遍应用于政治、外交方面的礼仪和《诗》有着深入的研究，这在很大程度上也吸引了一些未来的当政者——贵族子弟们。

（三）

鲁昭公二十四年（公元前518年），鲁国贵族、"三桓"家族之一的孟僖子在临死前，召见了他的家臣，嘱咐家臣在他死后，将自己的两个儿子孟懿子与南宫敬叔送到孔子那里学习礼仪。他在遗嘱中写道：

> 礼，人之干也。无礼，无以立。吾闻将有达者曰孔丘，圣人之后也，而灭于宋。其祖弗父何以有宋而授厉公。及正考父，佐戴、武、宣，三命兹益共，故其鼎铭云："一命而偻，再命而伛，三命而俯，循墙而走，亦莫余敢侮。饘于是，鬻于是，以糊余口。"其共也如是。臧孙纥有言曰："圣人有明德者，若不当世，其后必有达人。"今其将在孔丘乎！我若获没，必属说与何忌（注：说，通"阅"，即南宫敬叔；何忌，即孟懿子）于夫子，使事之，而学礼焉，以定其位。

这段遗嘱的大概意思是：孔丘是圣人（指商汤）的后代。他的六世祖孔父嘉在宋国被太宰华父督杀了，他的五世祖才迁到鲁国来。孔父嘉的高祖父是弗父何，弗父何的父亲就是宋国的国君宋闵公。弗父何是长子，本来有资格继位的，但他让位给了宋厉公。到了弗父何的曾孙正考父，曾经辅佐过宋戴公、宋武公、宋宣公三朝。可是他的地位越高，就越恭谦。孔丘的祖先是有美德的。现在孔丘虽然年纪不大，但却懂得很多事情，并熟悉礼仪，恐怕又要出圣人了吧。我是个要死的人了，我死后，你们一定要拜他做老师啊。

孟僖子之所以在临时前要让自己的两个儿子去向孔子学礼，还源于他自身的一次经历。

鲁昭公七年（公元前535年），楚国建成章华台，邀请众位诸侯前来观礼，孟僖子作为鲁昭公出使的随从一同前往。在途径郑国时，郑简公亲自到梁地慰劳鲁昭公一行。而孟僖子作为此次出行的相，却不知道该以何种礼节来应答。

到了楚国，楚灵王亲自前往郊外迎接鲁昭公，孟僖子仍不知道该如何答礼。在如此庄严的外交场合，孟僖子不知所措，这件事丢尽了鲁国君臣的面子。而孟僖子也将这件事作为自己平生奇辱，彻底认识到了礼仪在外交中的重要作用。

因此，他才在临终前要自己的两个儿子向熟知历代礼法的孔子学习。

孟僖子的两个儿子投到孔子的门下，在这当时的影响是巨大的。这说明，孔子的私学不仅在民间，在政府和上层贵族社会中也取得了令人瞩目的地位，从而为教育事业的巩固发展和他以后的从政活动打开了道路。这一点，对于立足于社会不久的孔子来说，无疑是巨大的鼓舞。

（四）

周天子的京师洛邑（今洛阳市），古代又称王城，始建于西周成王之时，至平王迁都于此，又不断改建，成为春秋时期全国最大的都会之一和政治文化中心。其文物典籍之丰居于全国之冠，且保存了最完整、最典型的国家礼仪制度。当时，一些精通礼乐的王宫，如老聃、苌弘等人，也都留居此地。因此，这里也早已成为孔子向往的地方。

在孟僖子去世后不久，其子南宫敬叔便来到孔子门下，拜孔子为师，学习礼数，并得知孔子有去京师问礼的想法。

一次，南宫敬叔见到鲁昭公，便将孔子的这一想法告诉了鲁昭公。鲁昭公一听，很支持孔子的想法，还特意赐给孔子一辆马车、两匹马和一名僮仆。

国君的资助，不仅为孔子远足提供了财力支持和交通方便，而且还提高了他这次出访的声望。随行的人除了僮仆外，还有他的一名学生。不过，当时南宫敬叔还在居丧期，不宜远行，所以并未跟随。

得到这样千载难逢的好机会，孔子十分高兴，因此很快便驱车出行了。初到洛邑，首先给孔子的印象，就是这个著名都会的宏大气魄。城区沿洛、穀二水向西、向北伸展，面积约为鲁城曲阜的三倍多。

全城分外城和内城两城。内城即王宫区，宫殿群华丽雄伟，屋宇飞檐，十分壮观。围绕王宫，城市布局呈典型的"左祖右社、面朝后市"的周代城邑结构。城内交通纵横，街市繁华，还有专门的手工作坊区和畦垄相接的大片农田，组成了一个包容政治、农业、工业、商业的完整的古城实体。

在京师洛邑，孔子着重对这里的礼制、文物、典籍等进行了考察。《孔子家语·观周篇》记载，孔子在京师"历郊社之所，考明堂之则，察庙朝之度"，考察周都的礼制。郊，祭天；社，祭地。"历郊社之所"，即参观祭祀天地的天坛、地坛；"考明堂之则，察庙朝之度"，即考察宗庙制度。

西周时期，明堂与庙堂为一体，是国君祭祖、朝会、议事与宣政的场所，因此又称"庙朝"。在这样的地方，国家重器及其他文物陈列都比较集中。因此，孔子的考察庙朝时，所见的文物也必然很多。

此外，孔子在参观周朝的明堂时，还看到了明堂四周墙壁上的古代名君尧、舜和暴君桀、纣的画像，以及周公抱着周成王接见诸侯的图画。这些人各有善恶之状，并附有针对他们的兴衰成败所作的诫辞。

在这些人物群像面前，孔子观阅徘徊，深有所感，认为周人之所以兴衰，正是由于他们善于以史为鉴，从以前帝王的兴衰成败中吸取了政治经验。

在庙堂的阶前，孔子还看到了一尊"三缄其口"的金人，即嘴巴上有三个封条的铜制人像。铜像的背面还有一长篇的韵文铭刻，所言诸如：

无多言，多言多败。无多事，多事多虑。

后之下之，使人慕之。执雌持下，莫能与之争。

……

全文明显都是袭用道家之语，让孔子一番感慨。

在京师，孔子还参阅了一些著名的典籍，除了他所熟悉的《诗》《书》等要籍外，还有大量的各国史记。据古代礼书反映，周人设有专门的史官，掌管着各国的方志旧史，如鲁国的《春秋》、晋国的《乘》、楚国的《梼杌》等。周王室收藏这类珍贵史籍达120个国家之多，数量颇为巨大。而司马迁谓孔子"西观周室，论史旧闻"，主要就是指参阅和讨论这类史记。

当然，这些地域广泛、内容丰富的旧史档案也让孔子受益匪浅。孔子晚年在修订《春秋》时，还特意派子夏等人前往周室借阅这些档案，以为参考。

第六章　问道老子

知之者不如好之者，好之者不如乐之者。

——（春秋）孔子

（一）

孔子来到京师洛邑，还有一件重要的事情要办，那就是同老子见面。

老子，即老聃，道家的创始人，当时担任东周政府的守藏室史（国家博物馆负责人）。据《史记》记述，老子是楚国苦县（今河南省鹿邑）人，"姓李氏，名耳，字伯阳，谥曰聃"。

老子的生年不能确考，大概要比孔子年长许多岁，是一位学识渊博、社会经验丰富、精通古代礼制而又对礼持严峻批判态度的、脾气有些古怪的老者。孔子拜会老子的目的，一是参阅他收藏的文物典籍，而是向老子请教礼仪制度。

而老子对孔子也有所耳闻，现在听说孔子要来拜会自己，很高兴，亲自套上马车到郊外去迎接孔子，还叫他的僮仆将路面都打扫干净。

孔子见到老子后，也依照当时的礼节，从自己的车上下来，手中捧着作为见面礼的大雁，郑重地送给老子。

老子比孔子的年纪大得多，经验阅历也丰富得多，所接触的文物史料也远比孔子这时所接触到的广泛得多。因此，这一次会面对孔子来说是极其有益的。

此时的孔子还在壮年，虽然在求知和修养方面有着很深的修为，态度也积极热情，但由于年轻气盛，有时还是不免有些急躁，显得粗枝大叶，所以在其精神层面上，还需要更丰富、更广阔的胸襟，也需要以更高的眼界来审视自己。

在这些方面，老子的阅历和修为足有资格做孔子的向导与前辈，对孔子也是有所助益。孔子向老子请教礼数，可谓正得其人。

大概在向老子请教周朝礼仪制度，而老子向孔子讲解时，看到了孔子年轻气盛、急于用世建功的一面，向孔子作了一番劝诫。他告诉孔子，孔子所请教的礼仪制度已经过时，真正明达的君子，如果时运降临，得志于侯王，就随加而行。如果不能得志于当时，那么就只好自己用手护着自己的脑袋，自己扶持着自己行路了。

为此，老子奉劝孔子去掉自己的骄人之气和过分执着、维护社会道德秩序的志向，求得自身的益处。

当然，老子的这番劝诫并不能说明孔子没有从老子那里学到周朝的礼仪制度，只是作为一个长着，老子对孔子作了一番忠告而已。在一些重要的礼法上，老子对孔子还是教益良多的。

有一次，老子与孔子一起帮人办丧事。在送葬的途中，遇到了日蚀，老子就命令将灵柩停下来，等日蚀结束后再走。

葬礼完毕后，孔子说，中途止枢是不对的，因为不知道日蚀要多久才能结束。如果延误了送葬的时间，反而不如继续行进为好。老子解释说：

"诸侯赶赴京都朝见天子，一路上早晨日出后便出发，傍晚不等日落就休息，还要祭奠装载在车上的祖宗牌位；大夫出国访问，也是在这个时候赶路。送葬也是如此，不可在天未亮时就出殡，也不可在天黑以后止宿。夜间赶路，大概只有逃犯和奔丧的人才这样做。当出现日蚀时送灵柩，那不同夜间走路一样吗？有教养的人，是不应该把别人刚刚才去世的父母置于这种不吉利的时刻的。"

老子的这番机敏而又新颖有据的谈话，被孔子一直牢记。当后来有学生提出同样的问题时，孔子就用老子教诲他的这番话作答，并说这是以前老聃亲口向他讲的。

据《礼记·曾子问》记载，孔子还向老子请教了小孩死后该葬在哪里、国家有丧事时是否要规避战争、战争时是否应该带着已故国君的牌位等问题，老子也都根据事实和情理给孔子作了明确的解答，

以上的谈话内容，都是与丧礼有关的上层贵族的行为准则和佚言佚事。这些事为王室史官的老子所熟悉，而为孔子所未闻。从这些谈话也可以推测，孔子问礼于老子的基本内容，大体都是有关国家与上层贵族的礼仪制度。

（二）

从《庄子》等书的记载来看，孔子在洛邑期间与老子的会面应该不止一次，请教谈论的问题也是多方面的。如《庄子》一书中，就有三处记述了孔子与老子交谈的情形，所谈的话题也很广泛。他们谈"道"，谈"仁义"，谈《诗》《书》《礼》《乐》《易》《春秋》。《说苑》一书中，也提到孔子与老子论"道"的事。

从现在的资料来看，孔子与老子的交往是十分融洽的。这两位历史上著名的文化巨人，在短短的时间内便成了相知甚深的忘年之交。而他们的会面，也在中国灿烂的古代文化史上留下了浓墨重彩的一笔。

在今天的山东省嘉祥县武氏祠汉画像石里，最著名的一块画石就是"孔子问礼于老聃"。

知识掌握得差不多后，孔子准备离开了。老子依依不舍地为孔子送行，并且根据自己的处世态度，嘱咐孔子说：

"我听说，有钱人送人以财，哲人送人以言。我没有钱，却虚有哲人的名称。既然这样，我就送你几句话吧：第一，你所研究的学问，都是古人的东西。可是，他们的人与他们的骨头早已腐朽了，只是他们说的那些话还在，你不要把那些话看得太死了。第二，有道德、有学问的人，如果生的是时候，固然应该出去坐坐车，阔绰一下；如果生的不是时候，任你本领再大，且千方百计，也不能为世所用；第三，我听说有一句老话，会做买卖的人都不把东西摆在外面，有极高道德修养的人都是很朴实的，所以，你应该去掉一些骄狂，去掉一些贪恋，去掉一些架子，去掉一些妄想，更要少一些试图改造世界的幻想，所有的这些功名利禄之念，对身心都是无益的。"

孔子深深地体会着老子的句句叮咛，虽然对其中的一些观点不太赞同，但仍然怀着十分感激的心情，再次作揖之后，拜别老子，离开了洛阳。

回到鲁国，见到自己的弟子后，孔子还不住地赞美老子，说道：

"鸟，吾知其能飞；鱼，吾知其能游；兽，吾知其能走。走者可以为罔，游者可以为纶，飞者可以为矰。至于龙吾不能知，其乘风云而上天。吾今日见老子，其犹龙邪！"

这段话的意思是说：我知道鸟会飞，但常被人射下来；我知道鱼能游，但常被人钓出来；我知道兽可以奔走，但依然常常会落入陷阱里。至于龙，我不知道它有什么缺陷，它可以顺应云里来、风里去，在天上自由翱翔。这次我见到老子，他远远超出了我的想象，我无法捉摸这个人。我想，老子大概就像是一条龙吧！

自从见过老子以后，孔子自己过去的一些偏于主观的做法有意识地减少了许多，对人对事也能更加冷静地加以分析，加上他原有的勤勉与热情，此后就更加为人们所钦佩了。于是，前来拜他为师的弟子也多了起来，有不少都是远道而来的。

孔子曾从容地对自己的门徒说：

"学会的东西，时常去温习，不是很有乐趣么？很多志同道合的朋友老远前来探讨学问，不是很让人高兴吗？自己有本领，没有什么人知道，也不觉得不愉快，这不是有涵养的人吗？"

这就是孔子此时的心情。此时的孔子，还不到35岁。

（三）

在洛邑期间，孔子除了拜访老子外，还拜访了当时居住在洛邑的著名人物苌弘，向其请教有关音乐的理论。

苌弘是周敬王的大夫，以精通天文、音乐而著称，又是一位地理博物学者。孔子虽然自学过音乐，也曾拜师于师襄子学习弹琴，但毕竟没有接受过周朝音乐大师的指导。所以，当老子建议孔子应该向苌弘学习古今之乐的时候，孔子欣然接受。

孔子与苌弘见面后，认真交谈，涉及的内容十分广泛。但现在所知者，只是他们关于乐舞《大武》的讨论。而令人惊讶的是，苌弘作为一名博学多识的王官，对《大武》的思想意义却不是十分理解，以致后来孔子在向自己的学生解释时，不能不作必要的补充与修正。

《大武》是周人的大型古典乐舞，相传为周公旦所作，内容是表演武王伐纣、经营南国和周公召公分陕而治的历史系列。舞队共八行，每行八人，共64人。主演者头戴冕冠，手执朱干、玉戚（一种红色盾牌、用玉作装饰的大板斧）。

而对于其表演，苌弘告诉孔子：

"武乐共计六成，初成出兵伐纣，再成灭商，三成开国，四成南国诸侯归附，五成分陕而治，六成歌颂天子。"

周人最重视《大武》。相传"《武》《象》起而《韶》《护》废"。周人的灭商建国之后，用《大武》和他们创作的另一个重要的乐舞《象》取代了舜时代的《韶》乐和商汤的《护》乐。

《大武》主要用来祭祖。每逢这样的大典，必要表演此乐舞。因此，《大武》其实是周人的国乐。孔子到周人的京都研究其国乐，自然十分地道。

孔子按照这一乐舞的上述表演顺序，向苌弘提出若干问题请教。不过，对于他们之间的问答，史籍并无明确记载，只能通过孔子后来与其弟子宾弁贾的问答了解一些。而孔子认为，宾弁贾所回答的内容同苌弘所说得一模一样。因此，他同苌弘之间的问答也可以根据他与宾弁贾之间的问答而大体复原如下：

孔子问：

"《武》舞开始时，警戒的鼓声为何那么长久？"

苌弘回答说：

"那是表现武王伐纣前担心得不到诸侯支持而进行长期准备。"

孔子问：

"为什么前一成的歌声与舞姿那样舒缓？"

苌弘回答说：

"可能表现时候未到等待的机会。"

孔子问：

"为什么表演者突然迅速而猛烈地手舞足蹈？"

苌弘回答说：

"那是表现时机已到而抓紧行动。"

孔子问：

"为什么表演者右膝着地、左腿曲立，做一个坐式呢？"

苌弘回答说：

"那不是《武》舞原有的坐式。"

孔子问：

"为什么有的歌声充满了杀气呢？"

苌弘回答说：

"那不是《武》舞原有的歌声。"

孔子问：

"不是《武》舞的歌声，那该是什么呢？"

苌弘回答说：

"那是乐师们搞作了。如果不是他们弄错，就是武王搞糊涂了。"

苌弘与宾弁贾所言雷同，说明这是当时对《大武》的一种流行的解释。这种解释极力抹去了周人以武力征服天下的战争形象，而是将乐舞中充满杀气的歌声说成不是乐舞自身的东西；又对其中表演的坐式不甚了然，并说成与《大武》无关，这就显得有些荒谬了。

因此，当后来宾弁贾也说出同样的看法时，孔子不得不在其请求下，对《大武》重新做出解释。

孔子同苌弘会面时，是否谈论了有关《大武》的内容，现在已不知其详，但孔子一定发表了一些与《大武》有关的真知灼见，因而引起了苌弘的高度称赞。

　　据说，苌弘在会见孔子以后，向周王卿士刘文公夸奖孔子，说他"河目而隆颡"，有一副不凡的仪表；说他"言称先王，躬履谦让，洽闻强记，博物不穷"。

　　孔子以其谦虚好学和聪明才智洛邑初露锋芒，引起了这里一些著名人士的重视，因此司马迁说"孔子自周反于鲁，弟子稍益进焉"，这自然与他在洛邑所造成的良好影响有关。

第七章　离开鲁国

　　生而知之者，上也；学而知之者，次也；困而学之，又其
次也；困而不学，民斯为下矣。

——（春秋）孔子

（一）

　　自从洛邑返回鲁国后，孔子在办学方面开创了一个新的局面。由于孔子的博学，加上洛邑之行在礼乐制度方面的收获，孔子的学问日深，私学的声名也越来越大，办学的声誉甚至闻名于其他诸侯国。孔子靠着自己的人品、学问和努力，确立了他在鲁国教育方面的特殊地位。

　　从当时的这种情形来看，孔子的教学事业正在蒸蒸日上地发展，生活也平和安乐。如果没有大的变故，孔子将会照这样生活下去。但就在这时，鲁国政坛上的一件影响其君臣命运的大事发生了，那就是史家所称的"斗鸡之变"的内战——一场由大夫之争转变为君臣相斗的政变。

　　孔子生活的时代，鲁国的形势已经军权旁落，由三桓之一的季氏执掌国柄，鲁国的国君只是三桓手中的傀儡而已。尤其是鲁昭公，作为鲁襄公的庶子，本无继位之望，但当时在鲁国执政的季武子，为了独揽鲁

国朝政，见鲁昭公"幼弱"，才力排众议，拥立昭公。

鲁昭公五年（公元前537年），三桓在三分公室的基础上，又四分公室，季氏倚仗自己的权势，将公室之军分之为四，季氏自领二室，叔孙氏、孟孙氏各领一室。鲁国的贡赋，也要经过三桓之手，由三室决定贡于鲁君的多寡丰薄。

鲁昭公虽然是个不怎么成器的君主，但也难以终日受欺于三桓。尤其是执政的季平子，更是飞扬跋扈，不把昭公放在眼里，甚至故意让昭公受辱，恨不得昭公马上死去。

比如，鲁昭公十七年（公元前525年），鲁国发生日食。日，代表君主。日食的出现，在古代就意味着国君即将大祸临头，应该举国祷告，并在鲁庙举行仪式，击鼓救日。可是，季平子根本不让祝史举行这一仪式，目的是希望灾难降临到国君身上。

到了鲁昭公二十五年（公元前517年），即事变发生的当年，鲁昭公要在鲁襄公之庙举行祭祀，季平子为了阻挠鲁昭公的祭祀活动，故意将乐舞者召到自己家中，在家里观赏八佾舞，致使襄公庙中的乐舞者只有两人。

关于这件事，《论语》中也曾有过记载：

孔子谓季氏，"八佾舞于庭，是可忍也，孰不可忍也？"

本来，八佾舞只有周天子才能用的。古代的乐舞，八个人为一行，即一佾；八佾即为八行，共64人。大夫只能用四佾，共四行32人。依季氏当时的身份，应该用四佾，即32个人。但季氏不仅舍弃了大夫的乐舞，还不屑用诸侯（国君）的乐舞，而是直接用了天子的乐舞，其狂妄程度可见一斑。

季氏这样做，目的就是破坏鲁昭公要举行的祭典，实则是向鲁昭公示威，使昭公在国人面前难堪。

对于季氏这种破坏礼仪制度、僭妄犯上、目无君主的行为，孔子十分愤慨，因此才骂他，这样的事都能做出来，还有什么事做不出来呢！

鲁昭公对季氏的态度也是恨得咬牙切齿，一直想扳倒季氏，消灭三桓等私家势力。而这个机会，最终还真让昭公等来了。

（二）

鲁昭公二十五年（公元前517年）夏，季氏与鲁国的另一个贵族郈昭伯斗鸡。季氏为了取胜，就将自己的鸡翅膀上撒上芥末（一种说法是给鸡装上铠甲），想用芥末迷住对方斗鸡的眼睛，让自己的斗鸡获胜。

但郈昭伯也不示弱，在自己的鸡爪子上安上了金属刺钩。结果，季氏的斗鸡败下阵来，季平子大怒。一气之下，季平子倚仗自己的权势，攻占了郈昭伯的宅院。

鲁昭公知道这件事后，便决定利用这一机会，支持郈昭伯，压制季氏。加之季平子执政后，在朝政得罪了许多贵族。因此，这些贵族也都推波助澜，意图铲除季氏。

当年秋天，鲁昭公将郈昭伯及一些贵族召集在一起，组成了一个反季氏的联合阵线。九月十一日，鲁昭公联合数家鲁国贵族讨伐季氏。

在行动之前，鲁昭公派郈昭伯前往孟孙氏处联络，希望能够劝服孟孙氏一起行动，反对季氏。但孟孙氏因自己与季孙氏同系三桓子孙，一直未明确表示支持讨伐季氏。鲁昭公见状，也不再理会孟孙氏的态度，下令反季氏联军讨伐季氏。

开始时，战事进展得很顺利，鲁昭公方面的人攻破了季氏的府第，季平子已经无力抵抗，只好向鲁昭公请罪，请求鲁昭公开恩，允许他到沂上去居住，鲁昭公不答应。季平子便又请求鲁昭公允许他到自己的封邑费去居住，鲁昭公仍然不答应。季平子又请求，允许他带着五辆车流亡国外，鲁昭公仍然不答应。因为鲁昭公太痛恨季平子了，尤其是郈昭伯，对季平子仇恨最深，力主杀掉季平子。

然而，就在季平子危在旦夕之时，情况发生了戏剧性的转变，一些宗法、家族的势力开始极力挽救季平子。

原来，作为三桓的另外两支的叔孙氏和孟孙氏，出于自己与家族利益的考虑，在季氏陷入危机之时，立即援助季平子。因为在他们看来，鲁昭公除掉季平子后，叔孙氏、孟孙氏也就失去了依恃，真正是唇亡齿寒、一损俱损、一荣俱荣的关系。

最终，三桓的势力打败了鲁昭公的人马，并杀掉了这一事件的积极支持者郈昭伯。鲁昭公见大势已去，自知已难以再在鲁国立足，只好逃亡到齐国。

第二年，即公元前516年春，齐国攻取了鲁国郓（今山东省郓城一带）地，让鲁昭公住在那里。后来，鲁昭公又转而投奔晋国，晋国将鲁昭公安排在乾侯（今河北省成安县东南），鲁昭公最后就死在这里。

孔子从洛邑回来后，亲身体验的正是鲁国君臣之间、各当权贵族之间的这场争斗。斗争的导火索是季平子在礼仪上的僭越之行，但实际却是在改革形势下出现的统治集团内部权力不平衡所致。

在这场残酷的争斗中，君臣双方发泄和暴露出来的仇恨、阴谋、权欲，为孔子耳闻目睹。这让孔子痛彻地感到，这些在礼仪场合大兴礼乐的人，恰恰就是礼乐精神的肆意践踏者，国君不像国君，为人臣者不像人臣，完全背弃了礼的尊亲之义和互敬互让原则，传统的贵族共政体制所要求的君臣协调关系破坏殆尽。

鲁国的礼仪已经被践踏到如此地步，由于违礼僭越而直接引起的国内政局如此混乱，让孔子实在看不下去了。他决心携带学生，到齐国去。

（三）

孔子这次离开鲁国的时间，可能是在鲁昭公逃亡国外不久，大约在鲁昭公二十五年的八月或十月以后，乘坐的仍是上次鲁昭公资助给他的那辆马车。

车出城关，渡过泗水，便进入西北郊遂。由于曲阜一带地势平坦，属于平原地区，等孔子师徒走出城关，突然发现天也高了，地也宽了，与城内的动乱相比，这里显然惬意了许多。望着向地平线远远伸展的广袤原野，孔子一行人眼前顿觉开阔，在鲁国的抑郁心情也一扫而光。

然而经过几程之后，孔子等人渐渐发现眼前的景象远非刚才所感觉得那般美好。由于久旱无雨，田野上完全没有往年仲秋时的丰收景象，到处都可以看到龟裂的土地、打蔫的庄稼，中间还有乱七八糟的杂草。放眼望去，更看不到忙碌的农夫。沿途经过的村庄，也都空无一人，早已没有了百姓居住的痕迹。

途中，孔子一行人还看到一些背井离乡的饥民。这一切，与为政者钟鸣鼎食、八佾舞于庭堂的奢侈生活形成了尖锐的对照。看到这幅景象，孔子的脸色渐渐沉郁下来，同时也再次坚定了以天下为己任的决心。

在去齐国的途中，必须要经过泰山。经过几天的颠簸，孔子一行终于要到达泰山了。掀开车上的帘子，远远望去，重峦叠嶂的泰山横亘在齐鲁两国之间，甚是壮观。

当走到山脚下时，孔子发现，这里树木繁盛，人迹稀少，想必应该常有野兽出没，因此十分小心，安静地走着。

当他们路过一个山坳时，忽然寂静之中传来一个女子嘤嘤的哭声，引起了孔子的注意。孔子命子路将车停下来，下车寻查，结果在一个山坳旁边发现了一个中年的妇人，正跪在一座墓前哭祭，样子十分悲痛。

子路走到中年妇人面前，问妇人是何人去世，她哭得如此伤心？妇人收住眼泪，悲悲切切地说，这墓里埋葬的是她的儿子。他们全家背井离乡，迁居此地，以开荒、狩猎为生。以前，她的公公被山里的老虎咬死了，后来丈夫也被老虎咬死了，最近，她唯一的亲人——她的儿子，也在狩猎时死于虎口。

听完妇人的哭诉，子路很不解，就问：

"既然这样，你们为什么不离开这里呢？"

妇人擦了擦眼泪，回答说：

"山外就好吗？那里的老百姓要缴纳各种各样的捐税，生活苦不堪言。在这里，虽然是深山老林，但却没有苛捐杂税。就算是有老虎，那死于虎口的人也毕竟是少数啊！"

子路告别了妇人，见到老师孔子后，将妇人的情况转告给孔子听。孔子听完后，眉头紧锁，心情久久不能平静。他沉重地对学生们说：

"苛政猛于虎啊！你们一定要记住，这些都加重了我们以仁政施天下的责任啊。"

这是发生在孔子一行去往齐国路上的一件小事，但却对孔子触动很大——民不畏虎，却惧苛政；宁愿被老虎咬死，也不愿离开这方"乐土"。再联想到自己，鲁国政坛如此混乱，自己无所作为，也只能离开鲁国的乱政而到他国了。因此，这件事也更加坚定了孔子前往齐国的决心。

第八章　齐国之行

吾尝终日不食，终夜不寝，以思，无益，不如学也。

——（春秋）孔子

（一）

齐国原本是一个东方大国，疆土在现今的山东省中部和东部一带，地广土肥，农业发达，并且富有渔盐之利，曾是春秋初年的霸主之一。

孔子来到齐国时，正是齐景公执政时期，也是大政治家晏婴活跃于政坛的时期。多年来，齐国在晏婴的努力治理之下，政治清明，国力强盛。基于这些原因，孔子也希望自己在齐国能够有一番作为。

依照当时的从政方式，想要投效一个国君，需要先找一点关系，也就是需要一个引荐人。所以，孔子在来齐国之前，就给齐国的大夫高昭子写了一封信，说了他将要来齐国发展的打算。高昭子接到信后，很高兴，于是便派人早早地在城外迎候孔子。

孔子来到齐国后，首先拜访了高昭子，并做了他的家臣。高氏自齐襄公时起，就与国氏并为国卿，在齐国是最有影响力的贵族巨室。

孔子希望能够以高氏为媒介，达到通君干政的目的。

在高昭子的引荐下，不久之后，齐景公便通知高昭子，称他准备接见孔子。孔子接到这个消息后，非常高兴，庆幸自己终于遇到了识才的人，看来自己的人生理想马上就要实现了。

第二天一大早，孔子就随高昭子来到殿外等候接见。接见了孔子后，齐景公便向孔子请教了一些政治方面的问题，对此，《史记》中作了较为详细的记述：

> 景公问政孔子，孔子曰："君君、臣臣、父父、子子。"景公曰："善哉！信如君不君、臣不臣、父不父、子不子，虽有粟，吾岂得而食诸？"
>
> 他日，又复问政于孔子，孔子曰："政在节财。"景公说（悦），将以尼谿之田封孔子。

当齐景公向孔子问政时，孔子回答的意思是说：君主要像个君主，臣子要像个臣子，父亲要像个父亲，儿子要像个儿子。其具体的含义，就是要维护社会上的统治秩序，各人要按照其名分办事。用孔子自己的话来说，也就是"正名"。

这种说法无疑对统治者是有利的，尤其是在阶级矛盾尖锐的时候，就更符合统治者的口味了。所以齐景公听了孔子的话后，高兴地说：

"讲得好啊！如果君主不像君主，臣子不像臣子，父亲不像父亲，儿子不像儿子，那么虽然我有粮食，还能吃得成吗？"

在讨论如何施政的问题时，孔子又向齐景公提出了"政在节财"的建议。他认为：为政之道，重在控制支出。节财，就是压缩政府开支和过度消费。齐国地处东海，物产丰富，百姓丰衣足食，但财富多了，也不能浪费，而是要提倡百姓节约，积蓄财物，这样国家才能永远富强不衰。

孔子的这些言论都是针对齐国当时存在的问题提出的，齐景公听后，连连点头表示赞许，并对孔子的博学竖起了大拇指。

多次问政后，齐景公对孔子的表现十分满意，所以准备给孔子封官赐地。孔子听说后，也似乎看到了从仕的曙光，不觉信心大增，甚至有些摩拳擦掌，准备放开手脚，大干一番。

（二）

就在孔子焦急地等待着齐景公的重用时，齐景公的承诺却突然没了下文，甚至渐渐对孔子有些不理不睬了。孔子开始感觉有些不对劲，便托人打听原因。

原来，就在齐景公准备重用孔子时，遭到了以晏婴为首的齐国大夫的反对，理由是靠孔子的那些教育和礼数是发展不了齐国的。

作为老练而务实的政治家晏婴，对孔子和孔子的思想学说有着更深层的认识。孔子只是一个在政治上充满理想主义的思想家，而非一个真正的政治家，他的思想学说大多也并不适应当时的社会现实。

所以，在孔子的任用问题上，晏婴作了较为理性的处理，对齐景公详细地解说了孔子作为儒者的种种缺点，认为孔子讲求的礼节过于繁琐详细，其学说也过于迂阔，令人难以把握。如果运用孔子的观点来改变齐国的社会政治，并不是先为百姓着想的做法。

听了晏婴的一番说辞后，齐景公对孔子的态度也来了个大转弯。此后，齐景公再接见孔子时，也不再向孔子询问礼仪之事。

又过了一段时间，齐景公再接见孔子时，便对孔子说：

"如果要寡人像鲁昭公对待季氏那样对待您，拿有权的上卿地位给您，寡人是做不到的；若要寡人像鲁昭公对待孟氏那样，拿无权的下卿地位给您，寡人又过意不去。那么，寡人就待您在季氏、孟氏之间吧。"

齐景公的做法其实就是在敷衍孔子，因为在鲁国，季孙氏为上卿，孟孙氏为下卿，如果让孔子享受的礼遇在季、孟之间的话，那就是一个难以确定具体职位的待遇。而事实上，齐景公也一直没有授予孔子任何实际的官职。

终于有一天，齐景公向孔子点破了他的想法：

"寡人老了，精力不济，不能任用先生来图谋改革了。"

孔子听了，仰天长叹，已经点燃的理想之火，在无奈的现实面前又一次熄灭。在齐国得不到重用，也就宣告了在这里的一切都结束了，所有的梦想也跟着破灭了。此后不久，孔子便离开了齐国。

在齐国期间，孔子只看到了在齐国可以作一番事业的一面，却没有考虑到另一面，那就是齐国的执政者晏婴在具体的政治主张上与自己恰恰是敌对的，孔子的主张和齐国贵族的利益也是矛盾的，他所看重的那一套繁琐礼节也是不现实的，所以失败也是必然的结果。

不过，对于晏婴对自己政治主张的反对，孔子并没有表现出半点的埋怨情绪。他说，人不能理解我，但我也不怨恨，这才是君子啊。在《论语·公冶长》中，孔子的态度依然十分公正，他说：

"晏平仲（即晏婴）善与人交，久而敬之。"

这是孔子对晏婴十分诚恳的夸奖，认为晏婴很善于与人交朋友，而且相交越久，别人就会越发尊重他。

虽然孔子的政治主张在齐国失败了，但孔子在艺术修养上却进了一步。这一进步，就是他在齐国的宫廷中听到了虞舜的古乐《韶》。而且他不但听了，还用心学习了一番。学习的用心程度，用孔子的自己的话说：

"我没有想到，我当时是这样地被吸引到音乐里去了。"

（三）

孔子师徒在齐国虽然没有得到高官，但也不是无所事事。齐景公的朝政，有时也会请孔子参与。

比如，《晏子春秋》中有记载称，齐景公造了一口大钟，将要悬挂起来时，晏婴、孔子和柏常骞三人入朝，三个人都预言，这口大钟会毁坏。等这口大钟悬挂起来时，果然坏掉了。齐景公感到很奇怪，就召来这三个人，询问大钟毁坏的原因。

晏子回答说：

"大钟造好后，还没有向先君祈祷便使用了，这不合于礼，所以钟便坏了。"

柏常骞回答说：

"撞钟的时日恰好是雷日，时辰不对，所以钟才毁坏了。"

孔子回答说：

"钟太大，吊起来撞击时，钟向下坠而气向上冲，所以便毁坏了。"

由此可见，孔子当时在齐国朝廷参与的大概都是这样一些不关乎政治实质的事。简而言之，孔子的具体工作充其量不过是备充"顾问"之职而已。

另外，孔子在齐国仍然坚持他的教育事业。孔子和弟子们经常以齐国的历史作为课题，研讨政治的得失。他们谈论管仲、齐桓公，甚至议论当政的齐景公，这些在《论语》中都留下了记载。

比如，有谈论管仲的品性的：

子曰:"管仲之器小哉!"

或曰:"管仲俭乎?"曰:"管氏有三归,官事不摄,焉得俭?"

"然则管仲知礼乎?"曰:"邦君树塞门,管氏亦树塞门。邦君为两君之好,有反坫,管氏亦有反坫。管氏而知礼,孰不知礼?"

还有推崇管仲功德之仁的:

子路曰:"桓公杀公子纠,召忽死之,管仲不死。"

曰:"未仁乎?"

子曰:"桓公九合诸侯,不以兵车,管仲之力也。如其仁,如其仁。"

这两段记述,反映了孔子对于管仲这位齐国贤相所持的实事求是的态度。孔子认为,管仲的器量很小,生活也不节俭,他有三处家庭,手下的官吏从不兼职;而且,管仲根本不懂得君臣之礼。

当时,只有诸侯国君才能建立的塞门(照壁),在大堂前修建放置酒器的设施(以招待外国君主,而管仲也建立相同的设施,所以,孔子认为,管仲是不懂礼法的。

但是,孔子认为,齐桓公主持诸侯间的会盟达数十次,并不是靠战争的手段,这完全是管仲的功劳啊!从这方面来说,管仲又是仁德的。

此外,孔子和他的弟子们还谈论晋文公和齐桓公的为人:

子曰:"晋文公谲而不正,齐桓公正而不谲。"

在孔子看来，晋文公重耳、齐桓公小白，虽然都是春秋时代不同时期的霸主，但他们的品性是不一样的。晋文公诡诈，不正派；齐桓公正派，不用诡谋。

事实上，孔子这样的评价也并非公允。齐桓公一生也不是没有用过诈谋，可能是两人相比较来说，齐桓公比晋文公要好一些，所以孔子才这样说。

在齐国，孔子还接收了一些弟子，其中，在典籍中留下姓名的有公冶长等人。

公冶长，姓公冶，名长。齐国人。关于公冶长，史书记载很少。从现有的资料来看，公冶长并没有什么特殊的本领，其道德、学识等，在同门中也并不出色。但由于他是孔子最欣赏的弟子之一，后来又成了孔子的女婿，所以后代奉祀孔子时，他便也跟着受祀了。

孔子在齐国大概生活了不到两年的时间，35岁那年（即鲁昭公二十五年）冬天到达齐国，37岁时（即鲁昭公二十七年）带着弟子们返回了鲁国。此后，孔子再也没有去过齐国。

孔子63岁时，曾这样形容自己："发愤忘食，乐以忘忧，不知老之将至。"当时孔子已带领弟子周游列国9个年头，历尽艰辛，不仅未能得到诸侯的任用，还险些丧命。但孔子并不灰心，仍然乐观向上，坚持自己的理想，甚至是明知其不可为而为之。

第九章　不仕而居

君子食无求饱，居无求安，敏于事而慎于言，就有道而正焉，可谓好学也已。

——（春秋）孔子

（一）

在由齐返回鲁国的途中，孔子又接收了一位很突出的弟子，那就是闵子骞。

据记载，闵子骞是鲁国人，姓闵，字子骞。公元前536年，闵子骞出生于一个较为富裕的家庭中。在孔子的弟子当中，闵子骞是以孝行而著称的。

据说，闵子骞的母亲死后，父亲又娶了一位妻子，并又生下两个孩子。每到冬天，继母就给闵子骞穿用芦花做的棉袄，而给自己的孩子穿棉絮做的棉袄。

一次，闵子骞与父亲一起外出，闵子骞赶车，冻得拿不住缰绳，父亲不知缘由，便用鞭子抽打他。后来抚摸了闵子骞的后背，才知道闵子骞穿的衣服太单薄了。

父亲知道实情后，大发雷霆，要休掉后妻。闵子骞见状，急忙劝阻父亲说：

"若后母在堂，只有一个孩子受饥寒；如后母离去，那么就有三个孩子孤单了。"

父亲这才打消了休妻的念头。

后来，继母知道了这件事，很后悔当初自己对闵子骞不好。此后，继母一改往日的做法，对闵子骞如同自己的亲儿子一样。

闵子骞孝敬父母、友爱兄弟的名声在当时广为流传，以至于在投师到孔子门下后，孔子还称赞他说：

"孝哉，闵子骞！人不间于其父母昆弟之言。"

孔子与诸位弟子回到鲁国后，可能并没有马上返回鲁国国都曲阜，而是在鲁、齐交界的地方逗留了一段时间。在此期间，孔子率领众弟子参观了当时"国际"上的一次"正规"的、合乎礼仪的葬礼，即吴国"外交大臣"季札之子的葬礼。

季札是当时"国际外交"舞台上的活跃人物，他的先祖是吴太伯，为周太王的后代，因谦让王位而躲避到蛮荒之地。当时，跟从吴太伯的有1000多家，因此，吴太伯便得立为吴国国君。

季札是吴国第十九代君主寿梦的第四个儿子。由于品性贤明，国君寿梦便想将自己的君位传给季札。但季札坚决不受，还离家出走，到野外亲自耕种。后来，寿梦的长子、季札的长兄诸樊继承了吴国国君之位。

由于谦让君位的懿行，季札的好名声在各国之间传扬开来，人们纷纷称季札为"吴公子季札"。又因季札的封地在延陵（今江苏省武进县一带），故又称"延陵季子"。历史上流传最广的，是延陵季子挂剑的故事。而这段故事，也展现了季札这位贤德的贵公子的风采。

据说有一次，季札出使他国时经过徐国，顺路拜会了徐国国君。徐君非常喜欢季札所佩带的那口宝剑，可又不好意思开口索要。季札也很明白徐君的心思，但因出使他国时需要用到这口宝剑，故而无法当即解下佩剑相赠。他心中想的是：等我完成使命归来，一定要将这把宝剑送给徐君。

可是，等季札出使归来经过徐国，想将宝剑赠送给徐君时，徐君已经去世了。季札非常懊悔，于是亲自来到徐君的墓前，将宝剑解下，系在徐君墓前的大树上。

随从的人看到后，就问季札：

"徐君已经死了，您把宝剑挂着这里要送给谁呢？"

季札回答说：

"不是这样的呀。当初，我心中已经打算将宝剑送给徐君，怎么能因为徐君已经死了，就违背我的心愿呢？"

作为吴国的重要使臣，季札经常在各诸侯国之间周旋，或聘问于国君，或观礼于诸侯，以熟知礼仪，精通《诗》、乐而闻名。他曾出使过鲁国、齐国、晋国、卫国、赵国等多个诸侯国，与当时各诸侯国的知名人物交游，如郑国贤相子产、卫国贤大夫蘧瑗、赵文子、魏献子等。

公元前513年，季札带着自己的长子到齐国访问。在返回途中，他的长子病逝了，季札只好在赢、博（今山东省莱芜市西北、山东省泰安市东南，当时属齐地）之间，卜墓葬子。孔子听说后，前往观葬礼，并对季札为儿子举行的葬礼给予了很高的评价了，认为季札所行皆合乎礼制。

后来，季札为避让君位离开了吴国。虽然我们现在无法得知季札与孔子之间的交往情况是怎样的，但可以肯定的是，孔子对这位前辈的言行是十分推崇的，而且肯定与季札进行过一番礼仪方面的切磋。

季札死后，孔子还特意为他题写了墓碑。这块墓碑上的字，据说是唯一被保存下来的孔子的书法。

（二）

孔子在参观完季札之子的葬礼后，便带着弟子回到鲁国国都曲阜，继续埋头教书育人。在这段时间里，孔子又招收了一批弟子，其中比较有名的是漆雕开。

漆雕开，姓漆雕，名开，字子开。生于鲁昭公二年（公元前540年），比孔子小12岁。关于漆雕开的为人，《论语》中只记载了他谦虚好学，不急于仕进。

后来，一些书籍便对他有了许多演绎，如《孔子家语·弟子解》中，说他喜欢读《尚书》、不愿做官云云，其中还有他与孔子的对话、孔子对漆雕开的赞赏等内容。

另外，关于漆雕开的材料还见于《韩非子·显学》篇，其中记载道：

漆雕开之议（仪），不色挠，不目逃，行曲则违于臧获（奴婢），行直则怒于诸侯。

由此可见，漆雕开还是个威武不屈而勇于知过的人。

在教学之余，孔子还一直关注着当时各个诸侯国的政治，并对一些大的政治事件作出了自己的评价。

鲁昭公二十八年（公元前514年），即孔子38岁的这年秋天，晋国的执政韩宣子去世，魏献子接任执政，对晋国的政治进行了大胆的改革，"分祁氏之田，以为七县；分羊舌氏之田，以为三县"。

另外，魏献子还挑选出十位有才有德的人为大夫，分别管理这十个县的政事。这样一来，便在一定程度上削弱了私家的势力，加强了晋国公室的力量。

在魏献子所推举的十个人当中，有他自己的儿子魏戊，也有与魏献子关系疏远的贾辛。

对于推荐的自己的儿子戊，魏献子的理由是：魏戊为人"远不忘君，近不逼同，居利思义，在约思纯，有守心而无淫行"，因此自己才推荐他。

而对于贾辛，魏献子认为他"有力于王室"，因此才推荐他。在魏献子看来，"夫举无他，唯善所在，亲疏一也"。

此时传到鲁国后，孔子对魏献子的这一番举措十分赞赏和推崇，他说：

> 仲尼闻魏子之举也，以为义，曰"近不失亲，远不失举，可谓义矣"。又闻其命贾辛也，以为忠："《诗》曰'永言配命，自求多福'，忠也。魏子之举也义，其命也忠，其长后后于晋国乎！"

从这一评价来看，在孔子心中，魏献子是"忠义"之臣，这主要可能因为魏献子的一系列言行都符合孔子"强公室、抑私家"的思想观念。

鲁昭公二十九年（公元前513年），即孔子39岁的这一年，"国际"上又发生了一件大事，即晋铸刑鼎事。这年的十月，晋国贵族赵鞅等人将范宣子所著的刑罚铸在铁鼎上，以利执行。

得知这件事后，孔子认为：

> 晋其亡乎！失其度矣。夫晋国将守唐叔之所受法度，以经纬其民，卿大夫以序守之，民是以能尊其贵，贵是以能守其业。贵贱不愆，所谓度也。文公是以作执秩之官，为所庐之法，以为

盟主。今弃是度也，而为刑鼎，民在鼎矣，何以尊贵？贵何业之守？贵贱无序，何以为国？且夫宣子之刑，夷之蒐也，晋国之乱制也，若之何以为法？

孔子的这番评论涉及了晋国的三部法典，即唐叔之法、被庐之法和范宣子刑书。他肯定了前两部法典，对范宣子刑书和赵鞅这样将这部刑书铸在铁鼎上的做法持严峻的批评态度，认为既然国家的一切都以鼎上的法度为圭臬，那么在法面前，就缺少了应有的贵贱之别、尊卑之序，使得贵者无所守，贱者有所据，原有的社会秩序被破坏，国家也将不成其为国家。因此，孔子才慨叹道：

"晋其亡乎，失其度矣！"

孔子的这番关于晋铸刑鼎的言论，是符合他的惯有思想道德观念的。但是，从历史发展的角度来看，这一言论却是保守的、落后的，与社会进步的潮流是相逆的。当然，这并不影响孔子作为一个思想家所具有的人格光辉。

（三）

鲁昭公三十年（公元前512年），孔子已经40岁了。在晚年时，孔子曾对自己的各个年龄段的状况作过归纳和总结，即：

吾十有五而志于学，三十而立，四十而不惑，五十而知天命，六十而耳顺，七十二从心所欲，不踰距。

依照孔子前半生的经历和学识来推论，孔子在40岁左右时，确实达到了"不惑"的境界。在思想道德观念上，他已经形成了比较完整的理论体系。综合历代诸家的研究成果，此时孔子思想中的基本内容是：以"仁"为核心，以"礼"为依归的政治、社会、伦理观念和有条件的忠君尊王思想；其次，是以"中庸"之道为准则的认识问题、处理问题的思想方法。

从以上这两个大的方面来看，对于一个人来说，的确是可以对一切都不再犹疑了。但是，"不惑"的孔子，在此时却恰恰面临着最大的困惑，那就是自己的思想观念乃至政治思想与现实社会之间存在着无法调和的矛盾。

在孔子看来，国家应该建立一种尊卑贵贱有序的社会制度。在这种制度下，人们要忠君尊王，君王要摈弃霸权，以德化治理天下，君臣之间要做到"君君、臣臣"，君要"使臣以礼，臣事君以忠"，君臣要"养民也惠，使民也义"。

但是，当时的鲁国却一直处于一个大夫执政、国君亡命在外的政治格局。鲁昭公自从二十五年（公元前517年）秋逃往齐国，居于齐国的野井。

鲁昭公二十六年（公元前516年），齐国为鲁昭公攻取了鲁国郓地，并将其作为鲁昭公的居处。

鲁昭公二十七年（公元前515年）冬，孟懿子与季平子的家臣阳虎一同率兵攻打郓地。鲁昭公无奈之下，只好派人与晋国联络，想到晋国避难。

鲁昭公二十八年（公元前514年），鲁昭公又亲自到晋国寻求庇护。晋国认为，鲁昭公这位流亡的君主还有利用的价值，于是准备接纳鲁昭公。但季平子听说这件事后，便赶紧贿赂晋国的六卿，想让他们阻止鲁昭公入晋。结果，"六卿受季氏赂，谏晋君，晋君乃止"。最后，晋国国君采取了一个折中的办法，虽然国内不接纳鲁昭公，但允许鲁昭公到晋国的偏僻小邑乾侯（今河北省成安县东南）居住。

　　鲁昭公二十九年（公元前513年），鲁昭公从郓地来到晋国的乾侯居住。

　　但是，季平子并未因此就放过鲁国这位颠沛流离的国君。鲁昭公到乾侯不到半年，季平子便暗地勾结郓城受众，守卫郓地的人随即便背叛了昭公，自行撤退。不久，晋国趁机攻占了郓地，这样一来，鲁昭公便彻底断绝了退路。

　　鲁昭公三十一年（公元前511年），晋顷公去世，晋定公即位。为了显示晋国的实力，提高自己在诸侯中的威信，晋定公派兵进入鲁国，欲护送鲁昭公回国。

　　在送鲁昭公回国前，晋国卿大夫范宣子给晋定公出主意说，不如先召见鲁国的执政季平子，让季平子来迎接鲁昭公。如果季平子来，说明季平子仍奉鲁昭公为君；如果季平子不来，说明季平子不臣服于鲁昭公了，晋国就可以出兵讨伐他。而暗地里，范宣子又通知季平子，让季平子一定要到晋国迎接鲁昭公。

　　有了晋卿的消息和担保，季平子果然来到晋国。晋国卿大夫荀砾接见了季平子，疾言厉色地责怪季平子毫无君臣之礼，逼走鲁昭公。季平子则诚惶诚恐地请罪，信誓旦旦地称接鲁昭公回国后，一定尽心侍奉。

　　虽然季平子名义上是来迎接鲁昭公的，但其实他已经通过各种渠道让鲁昭公明白，如果鲁昭公回国，等待他的只有死路一条。因此，鲁昭公为保住自己的性命，根本不敢回国。这样一来，季平子既去掉了晋国出兵攻鲁的理由，又让昭公无法回国。直到昭公三十二年（公元前510年），鲁昭公在乾侯去世，也没回到鲁国。

　　鲁昭公死后的第二年六月，鲁国才迎接昭公的灵柩回国安葬。不久后，季平子又废掉了鲁昭公的太子衍，改立昭公的弟弟公子宋，即鲁定公。由于鲁定公是季平子私自拥立的，所以鲁国名义上虽然已有国君，但与无国君也没什么区别，执政的依然是季平子。

鲁国的这种状况，在持"君君、臣臣"观点的孔子看来，显然是十分难以理解的，因为季氏的所作所为都是一些大逆不道的事。

与鲁国日益恶化的政治形势相伴随的，还有自然灾害的降临。鲁定公元年（公元前509年）九月，鲁国大旱；十月，天又陨大霜，致使鲁地的庄稼全部被冻死。

鲁定公二年（公元前508年）夏，鲁国宫殿南门发生了火灾，大火蔓延到周边的宫阙。

这些灾祸在今天看来，似乎与国家的政变没什么关系。但在当时，人们或许会认为这是上天在警示——对"三桓"作恶的某种警告。而这也或许多少给了孔子一些启示和安慰，至少在孔子看来，"三桓"的无道是会遭到报应的。

由于孔子是没有王者之位而有王者之德的"素王"，所以人们又演绎出孔子出生时的另一段传奇。据说孔子出生前，有两条苍龙从天而降，在孔家盘旋环绕；又有5位神仙也来到孔家，护送即将降生的"素王"孔子。

第十章 修书立说

富而可求也，虽执鞭之士，吾亦为之。如不可求，从吾所好。

——（春秋）孔子

（一）

鲁定公即位后，鲁国由"三桓"专权逐渐向"陪臣执国命"发展。长期以来，"三桓"都忙于对付鲁国国君，把持国政，以及与其他世家贵族争权夺利，根本无暇顾及家族内部的事务。他们将自己的采邑都交给家臣或他们委派的邑宰来经营，久而久之，这些家臣或邑宰便掌握了对采邑的控制权，掌握了采邑的财产与武装，动辄以此威胁采邑主，甚至以采邑为基础，发动武装叛乱。到鲁定公即位时，采邑已经发生了几次大规模的家臣叛乱。因此，对于当时的政治情势，汉代大儒董仲舒曾作过一次非常准确的描述，即"大夫专国，士专邑"。

在这些家臣叛乱中，以季氏的家臣阳虎的叛乱最为严重，阳虎甚至完全控制了季氏，并以家臣的身份掌握了鲁国的国政。

当时的鲁国，逐渐由季氏专权向多头政治发展，各种政治势力此消彼长，政局也更加混乱。对此，孔子曾作过一个很系统的剖析：

> 天下有道，则礼乐征伐自天子出；天下无道，则礼乐征伐自诸
> 侯出。自诸侯出，盖十世希不失矣；自大夫出，五世希不失矣；陪
> 臣执国命，三世希不失矣。天下有道，财政不在大夫。天下有道，
> 则庶人不议。

面对这种"陪臣执国命"的混乱局面，孔子的政治思想根本无法实现，甚至连参政、议政的可能性都没有。因此，孔子只有继续埋头教书育人。

这一做法是符合孔子的道德观念和处世原则的。孔子虽然执着于自己的政治理想，但更重视自己的人格。他希望富贵，渴望实现自己的政治理想，但却绝不随波逐流，无原则地去实现自己的希冀。因此，他在《论语·里仁》中说：

> 富与贵，是人之所欲也；不以其道得之，不处也。贫与贱，是
> 人之所恶也；不以其道得之，不去也。君子去仁，恶乎成名？君子
> 无终食之间违仁，造次必如是，颠沛必如是。

孔子认为，自己应该"笃信好学，守死善道。危邦不入，乱邦不居。天下有道则见，无道则隐"。在孔子看来，如果国家政治清明，一位有才能的人仍然贫穷而卑贱，是一种耻辱；相反，如果国家政治混乱，一位世人却富有而显贵，也是一种耻辱。所以，他说："饭疏食，饮水，曲肱而枕之，乐亦在其中矣。不义而富且贵，于我如浮云。"

在孔子的思想深处，"道"是第一位的。宁愿贫贱至死，也不能

靠出卖自己的信仰而改变自己的境遇。既然自己的政治理想无法实现，孔子最现实的选择就是"天下无道则隐"，"如不可求，从吾所好"，继续从事自己喜爱的事业，传播周代的礼乐文化，尽心于教育事业。

这一阶段，孔子的生活是比较安定的，加之他专意于教育，所以也有许多新的弟子前来求学。这一时期的求学者，大概有冉伯牛、冉雍（仲弓）、冉求、宰我、宓子贱、巫马期等人。这些弟子中，以鲁国人为多，但由于孔子办学的名声已经远播，所以一些异国的弟子也慕名前来求学，如宋国的司马牛、陈国的巫马期和陈亢、卫国的颜浊邹等。

（二）

这一时期，孔子更加悉心地教导弟子，如在《论语·颜渊》中，便记载有孔子回答弟子司马牛、冉雍等人的问题：

> 司马牛问仁，子曰："仁者，其言也讱。"
> 曰："其言也讱，斯谓之仁已乎？"子曰："为之难，言之得无讱乎？"
> 司马牛问君子。子曰："君子不忧不惧。"
> 曰："不忧不惧，斯谓之君子已乎？"子曰："内省不疚，夫何忧何惧？"
> 仲弓问仁。子曰："出门如见大宾，使民如承大祭。己所不欲，勿施于人。在邦无怨，在家无怨。"

孔子对自己十分喜爱的弟子子路，孔子更是细心讲授，甚至达到了耳提面命的地步：

> 子曰："由也！女闻六言六弊矣乎？"对曰："未也。"
> "居！吾语女。好仁不好学，其蔽也愚；好知不好学，其蔽也
> 荡；好信不好学，其蔽也贼；好直不好学，其蔽也绞；好勇不好
> 学，其蔽也乱；好刚不好学，其蔽也狂。"

从这些对话可以看出，孔子对弟子是如何谆谆教导。不仅如此，孔子对弟子还视如子侄，对此，《论语》中也都有记载。

比如，陈亢问孔子之子孔鲤，是否从父亲那里听到一些其他弟子听不到的教诲，孔鲤回答说，父亲曾教育他学诗、学礼。陈亢听了孔鲤的话，便明白老师所教并无偏私，因此高兴地对旁人说，他知道君子是如何对待自己的儿子的了。

除了为弟子讲学授教外，孔子还承担一些来自社会各界，甚至包括其他诸侯国的顾问咨询工作。

比如在鲁定公三年（公元前507年），郯庄公去世，郯隐公即位，据说在即将行冠礼前，就曾派人向孔子请教冠礼的仪礼。

在鲁国，也不断有人来向孔子请教。对此，《论语》中就有多处记载。

一次，互乡有一位少年前来求见孔子，孔子接见了他。孔子的弟子们都感到很困惑，因为互乡地方的人都很难与他们交谈的，老师怎么会接见这个人呢？

对于弟子们的疑问，孔子的解释是：

> "与其进也，不与其退也，唯何甚？人洁己以进，与其洁也，不保其往也。"

意思是说：应该鼓舞他进步，而不是赞成他退步，何必做得太过分呢？他人洁身以求上进，我们就应该给予鼓励和赞许，而不应该记着

他的过去。

还有一次，阙党的一位少年来向孔子传信，孔子也接待了他。等这位少年走后，孔子的弟子问孔子，这个少年是那种追求上进的人吗？孔子回答说：

"吾见其居于位也，见其与先生并行也。非求益者也，欲速成者也。"

意思是说：这位少年不是个追求上进的人，而是一个急于求成的人，因为他坐在上位，与他的长辈并行。

（三）

这一时期，孔子除了教授弟子外，还埋头整理古代的各种典籍，以期为弟子们提供一份系统、完备、规范的教材。

在孔子生活的时代，周室已经衰微，而周代的礼、乐也大多被废弃，《诗》《书》都已残缺不全。所以，在这段时间里，孔子真正下功夫整理的古代典籍大概只限于《诗》《书》《礼》《乐》四类，至于《易》和《春秋》，应该是他晚年时所整理、编次的。

对于孔子所做的具体工作，司马迁曾有过论述，认为孔子是"论次《诗》《书》，修起《礼》《乐》"，也就是对典籍进行选取、编排序列、搜集、修订、补充等。

《诗》，后人称其为《诗经》，因汉代儒者奉《诗》为经典，《诗》便被称为《诗经》。孔子对《诗》所做的工作主要是重新编排了次序，并对每一首诗进行了音乐方面的订正。

《书》，又称《尚书》，汉代儒者奉为经典后，又被称为《书经》。孔子对于《书》所做的工作同《诗》一样，主要也是进行编次和订正工作。从一些古籍中可以看出，孔子对《书》的编次订正下了一番功夫。《尚书大传》中曾记载有孔子评论《书》的话：

> "六誓"可以观义；"五诰"可以观仁；《甫刑》可以观诚；
> 《洪范》可以观度；《禹贡》可以观事；《皋陶谟》可以观治；
> 《尧典》可以观美。

孔子的这段文字，对《书》中的许多篇章的功用都作了详细的评价。

关于《礼》，孔子做的工作较多，所以司马迁用了"修起"两个字来说明孔子与《礼》的关系。可能当时关于"礼"的文字材料较少，而十分散乱，孔子经过广采博收、连缀修补，才最终成书。

乐，也是孔子教学的内容之一。孔子对乐是很有研究的，曾向师襄子学乐，后来也经常与共同乐师切磋乐理。对此，《论语》中有明确的记载：

> 子语鲁太师乐，曰："乐其可知也，始作，翕如也；从之，纯
> 如也；皦如也；绎如也；以成。"

这样内行地叙述乐的演奏过程，是具有很高专业水平的。《史记》中也曾记载，孔子合乐于《诗经》的事，即孔子将《诗经》中的305篇诗全部弹奏演唱了一遍，使这些诗的乐音符合于《韶》《武》《雅》《颂》等规范性的音乐。

总之，孔子在这一时期"编次""修起"的这些古代典籍，对中国古代文化的保存和传承起到了重要作用，这也是孔子对人类文化的一大贡献。

第十一章　阳虎乱政

可以托六尺之孤，可以寄百里之命，临大节而不可夺也。

——（春秋）孔子

（一）

鲁定公五年（公元前505年），即孔子47岁这年，鲁国的执政季平子去世，其子季桓子继任执政，这就给其家臣阳虎提供了独擅鲁国政权的机会。

其实，季桓子也不是不想对付阳虎，但此时的阳虎，势力已经不是季桓子所能控制得了的了。因此，季桓子一筹莫展，唯一想出的办法就是以家臣治家臣，即支持另一位家臣仲梁怀与阳虎抗衡。

对于季桓子的做法，阳虎自然不会坐以待毙，因此对仲梁怀和季桓子采取了断然的处置措施。这件事，《左传》中有比较细致的记载，从记载看，阳虎采取了十分严厉而周全的行动：

乙亥，阳虎囚季桓子及公父文伯，而逐仲梁怀。冬，十月，丁亥，杀公何藐。乙丑，盟桓子于稷门之内。庚寅，大诅，逐公父歜及秦遄，皆奔齐。

从这件事中，我们也可以看出阳虎的老辣狠毒。阳虎对季桓子的手段是：先去其羽翼，然后胁迫其盟誓，使其威信扫地，在国人心中大受轻鄙。这样一来，季桓子便再无心腹相助，自然对阳虎无可奈何了。而经过这件事，季桓子在国人中的号召力也大大减弱。这对于阳虎在鲁国政坛上的行事，自然也减少了阻力。

经过这番较量后，阳虎基本上独掌了鲁国大权。对外，他参与国际上的某些军事行动，甚至派使臣聘问于大国。比如在鲁定公六年（公元前504年）时，季桓子对晋国献俘，阳虎便强令鲁国贵族孟懿子也出使晋国，为其疏通关系。

在国内，阳虎则真正做到了要风得风、要雨得雨，甚至主持了鲁国国君和三桓参加的会盟，以及国人的会盟。

除此之外，阳虎还在采邑上采取了一些果断的行动，将鲁国的郓、阳关之地据为己有。

关于郓地，虽然是鲁国所有，但在鲁昭公时即被齐国占领。鲁定公六年（公元前504年）冬，季桓子和仲孙何忌率军包围了郓地。这时，鲁国已经与晋国交好，而齐国出于对鲁、晋两国联盟的恐惧，于鲁定公七年（公元前503年）二月，将郓和阳关两地归还给鲁国。

不久后，阳虎便凭借自己手中的权力，将郓地和阳关这两个地方据为己有。有了真正属于自己的地盘后，阳虎便有了对抗鲁国公室、贵族，举行叛乱的根本之地。

阳虎以家臣的身份秉国政、主会盟、遣使臣，这在孔子看来是大逆不道的。即便是执政的"三桓"之家，也在阳虎的威势之下。所以，孔子对这种情势十分感慨，认为"三桓"的子孙也衰微了：

禄之去公室五世矣，政逮于大夫四世矣，故夫三桓之子孙微矣。

从鲁国国君失去执掌国柄之后，到鲁定公时代，鲁国经历了宣公、成公、襄公、昭公、定公五代；而自从季氏最初把持鲁国政治，到季桓子执政，经历了季文子、季武子、季平子、季桓子四代。孔子说这段话时，正是阳虎得志，季桓子初为执政的时候。

（二）

这样一种混乱的社会形势，在孔子看来，自然是浊乱不堪的。因此，孔子一直持一种不合作、不出仕的态度，这种态度甚至影响到了他的弟子。

当时的鲁国，由于内受制于阳虎等家臣，外被欺于晋、齐等大国，人才又十分匮乏，因此，季氏很希望能够搜揽才人，而孔门弟子便是他们物色的对象之一。其中，以弟子闵子骞较为典型。据《论语》中记载，季氏想委任闵子骞为费宰，但闵子骞却婉转而又坚决地拒绝了：

季氏使闵子骞为费宰。闵子骞曰："善为我所辞焉，如有复我者，则吾必在汶上矣。"

闵子骞的这种态度，不仅是其无意入仕、勤俭自持的性格使然，更重要的受到了老师孔子思想的影响。比如，孔子曾让自己的弟子漆雕开去做官，漆雕开明确表示，自己还未有这种决心，不想去，孔子听后很高兴。他们师徒甚至对鲁国的一些政事还进行了一些批评性的议论：

　　鲁人为长府。闵子骞曰："仍贯旧，如之何？何必改作？"
　　子曰："夫人不言，言必有中。"

　　但是，在这一时期，孔子的内心其实是很痛苦的。作为一个胸怀伟大政治抱负的思想家来说，面对混乱的社会局势却一筹莫展，壮志难酬，其焦灼、郁闷的心情可想而知。这从《论语》一书中的许多记载便可看出：

　　达巷党人曰："大哉孔子！博学而无所成名。"子闻之，谓门弟子曰："吾何执？执御乎？执射乎？我执御矣。"

　　由此可见，达巷这个地方的人在颂扬孔子的同时，又为他感到惋惜，认为他虽然博学多才，却没有成就功名的特长。孔子只好说，我能干什么呢？我能做射手吗？能驾车吗？我只能驾车吧。

　　从这段记载中，可以隐约透出孔子不能从政改变社会现实的无奈，因为时代不给他机会。所以，孔子只好"罕言利，与命与仁"。对这句话的解释是：孔子很少谈及功利，但却赞成命，赞成仁。

　　面对这个浊世，孔子一无所为，自然便将这一切都归于命运的安排。不过，孔子又很自信，认为"德不孤，必有邻"，因此，他又很想找到一些知音同好：

　　子曰："圣人，吾不得而见之矣；得见君子者，斯可矣。"
　　子曰："善人，吾不得而见之矣；得见有恒者，斯可矣。"

　　当找不到志同道合者时，孔子又感到自己应该独持己见，坚持自己的观点，所以又说：

"三军可夺帅也，匹夫不可夺志也。"

这一时期的孔子，甚至产生了乘桴入海、以避浊世的念头：

> 子曰："道不行，乘桴浮于海。从我者，其由与？"子路闻之
> 喜。子曰："由也，好用过我，无所取材。"

这段话虽然是孔子评价子路的话，但起因还是由于孔子的主张无法
实现，产生了出海避世的想法所引起的。这时的孔子，非常想为自己
寻找一片净土。

（三）

孔子虽然远离政治，但是，当时的政界人物却并没有遗忘孔子。
阳虎上台之后，为了巩固自己的地位，积极培植势力，以对抗和削弱
"三桓"，深居简出却博学多才的孔子也成了他拉拢的对象。

30多年前，阳虎曾因为孔子身份卑微而将其挡之门外，但此时的孔
子已是鲁国的名士，对于阳虎来说，能够争得孔子的合作，必然能够
扩大自己的影响。因此，他就派人去拜访孔子，但孔子却拒而不见。

阳虎见状，便想了一个办法，趁孔子不在家时，派人送去了一头蒸
熟的小猪。当时，阳虎执掌鲁国国政，位同大夫。按照礼节，大夫对
士有所赏赐，如果士不在家而不能亲自接受，事后应亲自去大夫家答
谢。这样一来，孔子就不得不去拜会阳虎了。

然而，孔子为了避免见面而又不失礼节，也选择阳虎不在家时去前
往答谢。可事情偏偏凑巧，孔子在返回的路上正好遇到了阳虎，这样
躲闪不及，孔子就只好与阳虎见面了。

阳虎终于得以见到孔子，便问道：

"怀有一身的本领，却听任国家混乱不管，这称得上是仁吗？"

孔子没有回答。

"称不上仁。"阳虎自己回答说。随后，他又问孔子：

"本来希望做官，却常常错过做官的机会，这称得上是智吗？"

孔子仍然没有回答。

"称不上智。"阳虎又自己回答说。接着，他劝诫孔子说：

"日月逝矣，岁不我与（时光正在流逝，过去的岁月不再属于我们了）。"

孔子这才回答了一句说：

"是的，我要准备做官了！"

这突如其来的会面与阳虎近乎粗鲁的坦率谈话犹如一块石头落入水中，在孔子的心中激起了涟漪。"日月驶矣，岁不我与"这句话发人深省，孔子忽然感到，他十多年清静自适的生活不能再这样继续下去了。

这时，孔子身旁的弟子子贡看出了孔子的心思，便婉转地问道：

"老师，这里有一块美玉，是将它放在柜子里收藏起来好呢，还是找来一位会识货的贾者（商人）把它卖掉好呢？"

"卖掉它，卖掉它。"孔子说，"我正在等待识货的贾者呢！"

但是，这样的"贾者"并没有出现，鲁国的政局便在动荡中发生了急剧变化。

阳虎在占据郓城和阳关之后，认为自己在政治上取代季氏的时机已经成熟，于是便联合叔孙辄、季寤、公鉏极、公山不狃等反季力量，准备推翻季桓子的统治，并计划好了具体的行动方案和善后措施。

首先，阳虎等人利用鲁国以鲁昭公从祀于太庙之事大做文章。因为鲁昭公是被季平子逐出国门而客死他乡的，而且由于季氏从中作祟，昭公死后又不能及时归葬，无法享受与先君一样的待遇。

所以，等季平子死后，阳虎便提出以昭公的神主之位从祀于鲁国太庙，目的是为了利用国人对鲁昭公的同情，加深国人对季氏的反感与仇视。对阳虎的这一举动，《春秋谷梁传》中分析得十分透彻：

> （阳虎）益欲著（彰明）季氏之罪，以取媚于国人。然其事虽顺，其情则逆。

由此可见，阳虎的行为实在是别有用心。因为在此之前，阳虎已经与季氏的反对势力达成协议，即"以季寤更季氏，以叔孙辄更叔孙氏，己更孟氏"。

鲁定公八年（公元前502年），阳虎等人诈称要在蒲圃设宴款待季桓子，意欲在这里杀掉季桓子。幸而季桓子聪明，途中发现不妙，说服了赶车的林楚将军，转而赶车奔往孟孙氏住处。阳虎的弟弟发现后，紧追不舍，结果被孟孙氏的部下射死。

阳虎见季桓子躲到了孟孙氏的住处，便劫持了鲁定公和叔孙武叔，一起来攻打孟孙氏。孟孙氏的成邑宰公敛处父率领成人前来救援孟孙氏，与阳虎在南门和棘下作战，阳虎战败，便闯入鲁定公的宫室，抢走了鲁国的国宝宝玉大弓，然后率领徒众逃往阳关，公开叛乱。

鲁定公九年（公元前501年），鲁国讨伐阳关，阳虎不敌，逃往齐国、宋国，不久又逃往晋国，被赵简子所用。

孔子得知赵简子收用阳虎的消息后，评论说：

"赵氏恐怕因此而世代不得安宁了吧！"

至此，烜赫一时的阳虎专鲁的政局告终。

孔子向东游历，见到两个小孩在争辩，就问他们争辩的原因。一个小孩说："我认为太阳刚升起时距离人近，而到正午时距离人远。"另一个小孩的看法正好相反，认为太阳刚升起时距离人远，而正午时距离人近。一个小孩说："太阳刚出来升起的时候看起来大得像车盖，到了正午就看起来像圆盘一样大，这不是远的小而近的大吗？"另一个小孩说："太阳刚出来的时候感觉很清凉，到了中午的时候感觉像把手放进热水里一样烫，这不是近的热而远的凉吗？"孔子听了两个小孩的话，不能决断对错，两个小孩笑着说："谁说你富有智慧啊？"

第十二章 鲁国为官

己欲立而立人，己欲达而达人。

——（春秋）孔子

（一）

在阳虎事变中，长期把持着鲁国政权的"三桓"贵族第一次遭受到来自家臣方面的严重挑战。阳虎事败出逃后，事态虽然已经平息，但其余党公山不狃、叔孙辄等人仍然占据着费邑，并随时可能伺机反扑。

另外，叔孙氏派往郈邑的公若藐、侯犯以及平乱有功的公敛处父，也都是既要利用也要防范的社会势力。如何处置好同这些日益强大的家臣势力的关系，成为鲁国当权者最棘手的政治问题。

在对外方面，同紧邻齐国的交往也出现了状况。齐桓公死后，国内诸子争立，霸业式微，代之而起的是晋国长期争霸中原的局面。在齐桓公称霸时，鲁国是齐国的盟国；晋国称霸后，又转为晋的盟邦。依靠强晋的保护，以抵抗近齐的威胁，是鲁国采取的基本外交策略。直到鲁定公时，鲁国与晋国仍然保持着密切的往来。

但是，这时的晋国霸业也已渐渐衰落，而齐国趁机与鲁定公七年与郑国结盟，又与卫国盟会，使其叛晋，颇有东山再起争雄天下的势头。因此，它与晋、鲁之间的关系也日渐紧张起来。

继任国卿不久的季桓子，在阳虎执政期间受害最大。当他从噩梦般的险境中惊醒过来，面对国内外的形势，希望自己当政伊始能够有所作为，以改善鲁国政局和他本人在人们心中的形象，因此急需物色贤能有志之士为己所用。

此时，季桓子对孔子入仕从政的愿望已有所闻。孔子尚德重礼，很有名望，又有一批有才干的门生，而且这些人大多数出身寒微，不会对现有占统治地位的贵族们构成威胁。在阳虎事件中，孔子与他的门生态度审慎，阳虎的劝说虽然未能促进其入仕从政之念，但他也并未因此而卷入事变。在权衡各方面的利弊后，鲁国的执政者开始决定任用孔子和他的弟子们。

不过，孔子虽然声名远播，德行卓著，但其治国安邦的能力怎样，却未曾有过实践。因此，鲁国执政者在起用孔子之前先作了一番试探，就是让孔子的弟子先从事一些实际的政事。

首先是子路，在孔子被起用前，便已经在季氏那里做事了。一开始，子路只是做一些参议、奔走方面的事，但由于他做事认真、处事果断，很快便得到了季桓子的信任，做了季氏宰，即季氏家的总管。

除了子路外，孔子的另外两位最有才干的学生冉求和高柴也先后步入鲁国政界，在季氏那里做事。

由于弟子们在社会上已经小有作为，自然为孔子出山营造了先声。不过，对于孔子，鲁国国君开始时只给他安排了一个地方官——中都宰的职务。这一年，孔子刚好51岁，已经过了知天命的年纪。

中都是鲁国西北部的一个城邑，位于今山东省汶上县以西约40里（折合20千米）。委以一邑之长，职位虽然不算高，但孔子也愿意以此为起点，坚持做下去。关于他治理中都的政绩，《礼记·檀弓》中写道：

> 夫子制于中都，四寸之棺，五寸之椁。

这一记载语焉不详，十分简略，而《孔子家语·相鲁篇》中则说得稍具体些：

> 孔子出仕，为中都宰。制为养生送死之节，长幼异食，强弱异任，男女别途，路无拾遗，器不雕伪。为四寸之棺，五寸之椁，因丘陵为坟，不封不树。行之一年，而四方之诸侯则焉。

根据这些传说，可以推测出孔子治理中都的措施，大概是从礼制入手，进行社会治安和经济管理方面的整顿，加强思想教化，而且收到了良好的效果，以致邻国都要模仿。

鲁定公见孔子治理中都效果显著，便召见孔子，问道：

"用您治理中都的办法来治理鲁国，会怎么样？"

孔子初仕所取得的成功让他对自己的作为大有信心，于是回答说：

"用来治理天下也可以吧，何况只是一个鲁国。"

（二）

孔子任中都宰的第二年，便迁任鲁国的小司空，不久又升为鲁国司寇。

依据周朝的官职，天子设立六卿，即司徒、司马、司空、司寇、宗伯和冢宰；诸侯只能设三卿，即司徒、司马、司空，而这三卿又分别兼任冢宰、宗伯、司寇；三卿之下，则设立五个小卿，为大夫。司徒之下，可设立两人，即小宰和小司徒；司马之下，具体事务少一些，则设一人，即小司空；司空之下设两小卿，即小司寇和小司马。

当时的鲁国，季孙、叔孙、孟孙三家为世袭上卿，分别担任司徒、司马和司空。所以，孔子所做的司空应该为小司空。

关于孔子任小司空的事，史籍记载较少，可能担任的时间极短，旋即便被改任为大司寇。孔子由司空改任大司寇是在他52岁这年。司寇即国家的最高司法长官，位同卿大夫。一个非贵族出身的人擢任大夫之职，这在当时是不多见的。

孔子任司寇的消息传开后，在社会上引起了不小的反响。一部分鲁国贵族甚至作歌讽刺，要求免去孔子的官职，认为他根本没有能力，也不适合担任这样的官职。

在另一部分居民中，孔子任司寇的消息却引起了一阵恐慌。据说，鲁国有个名叫沈犹氏的羊贩子，经常一大早就把羊喂饱喝足，增加重量，然后赶到市场上去卖；有个名叫公慎氏的人，其妻淫乱，他却不加管束；还有一个名叫慎溃氏的人，平时胡作非为，违法乱纪；还有一些牛马贩子，随意抬高售价。

这些人在得知孔子当上最高司法官后，都很紧张，因为他们知道孔子是一位讲究德行、坚持原则的人，任中都宰时还在整顿治安方面下过一番功夫，故而他们不得不收敛自己的行为。沈犹氏不敢在出售羊的当天早晨将羊肚子灌满，公慎氏休了他的妻子，慎溃氏赶紧离开鲁国，牛马贩子也不敢乱涨价了。

孔子担任司寇期间处理过多少案件，现在已无从得知。传说他曾处理过一起父子诉讼案，父子双方互相控告对方。季氏以儿子控告父亲不孝，要将儿子杀掉，但孔子不同意这样做，而是将他们拘留起来，三个月不处理，直到父亲回心转意，撤销了自己的诉讼，孔子将他们放了回去。

季氏不满意孔子的处理方法，认为这不符合"以孝治民"的原则。孔子听说后，就向自己的学生冉有解释说：

"出现父子相讼的问题，是上面不重视教化造成的，责任不在下民。如果将他们处死了，岂不是诛杀无辜吗？为政者乱其教，繁其刑，使民众不辨是非，误入歧途，而又施之以刑，其结果只能是刑法越来越繁乱，社会犯罪行为反而不能制止。《诗》里说：'君子所履，小人所视。'关键要看上面的表率作用做得如何啊！"

孔子对这一案件的处理态度，也反映了他在政治上强调教化、反对滥刑的一贯立场。这位出身平民的司法官，没有因为自己的地位提高就忘记对人民的关切。他不愿滥用权力，使生活不幸的下民遭受更大的不幸。

（三）

孔子在处理案件时，十分注意听取各方面的意见，事前也会召集大家讨论，并主动询问。直到大家都发表完意见，孔子再则其善者而从。

在担任司寇期间，孔子除了会直接处理一些狱讼外，还参与一些国家的内政外事活动，并接受鲁国国君的咨询。

有一次，鲁定公问孔子道：

"君主使用臣子，臣子事奉君主，应该遵循什么样的原则呢？"

孔子听完后，回答说：

"君主使用臣子应该依据礼仪，臣子也要尽心于政事来事奉君主。"

而随着君臣之间交往的加深，君臣之间的谈话也多了起来。还有一次，鲁定公问孔子：

"我听说，一言可以兴邦，有这样的事吗？"

孔子的回答十分艺术，他说：

"说话自然是不会产生这样的情况的，正像有些人说的那样，做君主很难，为臣的也不容易。如果知道了做君主的艰难和做臣子的不易，君臣一心，勤于政事，不也近似于一句话可以兴盛一个国家吗？"

定公听了孔子的话，点了点头，又问道：

"我还听说，一言可以覆国，有这样的事吗？"

孔子又回答说：

"话不能这么简单，就像有人说的那样，做国君没有其他的快乐，只是说的话没人敢违背而已。如果君主的话是好的，臣子们照着去做了，自然是好事；但如果君主的话是错的，也没人敢违背，这不就近似于一句话便倾覆了一个国家吗？"

鲁定公就君臣关系和国家兴亡的问题向孔子咨询，这说明他还是一位想要有所作为的君主。而孔子的回答因势利导，勉励鲁定公知为君之难而处事谨慎，待臣以礼而纳谏从善。鲁定公如果能这样做，对孔子从政行道无疑也是有所帮助的。

更重要的是，鲁定公肯定熟知孔子的政治观点。孔子扶公室、抑私家的主张，主张建立"君君、臣臣"的等级秩序，都是符合鲁定公这位国君的利益的。起用孔子作了大司寇，至少为自己找了一个可以依靠的政治同盟者。因此，从自身利益考虑，鲁定公也会支持孔子的一些政治主张。

这段时间，是孔子同鲁国君臣和朝野上下接触最多的日子。他努力以自己的实际行为，树立一种良好的政纪宦风。他办事勤勉、认真，待人谦和有礼，无论是在乡党与父老乡亲联系方面，还是在朝廷与各级官员的交往中，他都保持着亲切、正直、谦逊的态度。

在国君的面前，孔子也始终举止谦恭，一言一行都显示出一个臣子应有的礼节。平时国君召请，他也总是马上前往，有时来不及乘车，就步行赶去。

孔子的这些做法，有些人表示不能理解。对此，孔子感慨地说：

"服事君主，处处都依照臣子的礼节去做，人家还以为是献媚呢！"

事实上，无论是在任职期间，还是以后，除了为天下长治久安而汲汲以求外，孔子别无任何私求。他强调举贤授能，却从不利用自己的职位和影响为亲人谋取一官半职。他唯一的儿子孔鲤，直到去世时还是一名普通的士。

孔子本人更是对那些怀着一肚子私人目的的仕宦之途鄙视不已，将他们称为"鄙赴"。他说：

"鄙夫，难道能同他们共事吗？当他没有得到官职利禄时，他生怕得不到；已经得到了，又生怕丢掉。如果生怕丢掉，那他就什么都干得出来。"

一次，孔子和几个弟子挑着竹简书册，走到一个河滩边，正要过河，不巧捆书的绳子断了，简册散了一地，怎么收也收不挑团，大伙急得满头大汗。恰在这时，一个农夫在套牛耕田，孔子便走上前说："这位村友，请将先生的牛鼻绳赠我一用吧。"农夫说："实在对不起，牛鼻无绳，怎能耕田？"孔子说："若将绳赐我，牛可驯，天作证，放牛不用牵，犁地不用鞭。"农夫听完，便解下绳子递给孔子。孔子把书捆好后沿河而去。自那以后，秀水河一带的牛耕田都不用鞭绳了，放牛也不用牵了。

第十三章　夹谷之会

行己有耻，使于四方，不辱君命，可谓士矣。

——（春秋）孔子

（一）

在史书记载中，孔子在鲁国担任司寇期间，实实在在而又非常著名的事件，就是他作为相礼大夫参加了齐、鲁两国国君在夹谷举行的会盟。这可以说是孔子一生政治生涯的顶峰，也是他一生中唯一一次得以展示其政治、外交才能的时刻。

当时，齐、晋、鲁三国之间的关系微妙而复杂，鲁国与晋国同为姬姓封国，从齐桓公之后，齐国的国势开始衰微，齐、鲁两国交恶。

鲁僖公二十八年（公元前632年），在周襄王策命晋文公为侯伯后，鲁国便投靠了晋国。此后，鲁国一直都是晋国的盟国。

但是，由于晋强鲁弱，在两国的关系中，鲁国一直处于屈从的地位。在外交方面，晋国也一直将鲁国当成附庸国来对待，令鲁国多次受辱。

比如，在鲁昭公十三年（公元前529年）秋，晋国在平丘主盟，数国国君参与会盟。鲁昭公未能亲自与盟，晋人大怒，将鲁国执政季平子抓到晋国。鲁昭公无奈，只好亲自前往与盟，但直到第二年的春天，晋国才放回季平子。

晋国在出兵讨伐其他诸侯国时，鲁国还要派兵助战。由此可见，鲁国在很大程度上都充当了晋国附庸国的角色。

但是，晋国还是有一定国力的，属于当时的一个较大的诸侯国。齐、楚、晋三国争雄，尤其是齐国与晋国两国相争，若鲁国依附齐国，则晋国势弱；若鲁国依附晋国，则齐国处于劣势。如此一来，齐、晋两国都试图拉拢鲁国做其附庸国，以增强自己的实力。

虽然齐、鲁两国交恶，尤其是鲁定公即位后，两国的关系更加紧张，边鄙之间也经常有冲突发生，但齐国与鲁国世代都是姻娅之国，出于争雄的需要，齐国还想拉住鲁国。而鲁国依附于晋国，并没有减轻齐国对自己的威胁，领土还被齐国掠占去不少。所以，鲁国也想通过这次盟会求得和平，并索要回被齐国占去的大片土地。

这次会盟，对齐、鲁两国来说都是一件意义重大的事。会盟举行之前，鲁国君臣就进行了十分审慎的磋商，最后决定，由孔子作为会盟的傧相陪同鲁定公一同前往。

鲁国之所以做出这样的决定，大概是因为孔子曾在齐国生活过一年多的时间，而且与齐景公相熟；二是孔子熟知礼仪，相礼不会有失；同时作为鲁国的大司寇，已是卿大夫，当时国君会盟，一般都由执政或卿大夫担任相礼。所以，孔子以卿大夫的身份担任傧相，也是符合当时的惯例的。

鲁定公十年（公元前500年）夏，孔子陪同鲁定公前往夹谷，与齐景公会盟。夹谷，山名，又名祝其，位于今山东省莱芜市南，当时属于齐国的南境，与鲁国的北境相距不远。夹谷以北就是莱人的活动区。齐灵公时，齐国灭掉莱（今山东省昌邑东南），莱人徙居于此。

在临行前，孔子对鲁定公说：

"我听说，举行文事一定要有武备，举行武事必定要有文备。古代诸侯凡是离开自己的疆土，都一定会选取专门的文武官员跟从，所以请您带上专管军事的左右司马，以作护卫。"

鲁定公接受了孔子的建议，于是让左右司马一同随行。

孔子的估计是十分正确的，齐国对这次会盟的确心怀鬼胎。当孔子将陪同鲁定公赴会的消息传到齐国后，齐国大夫犁弥就对齐景公说：

"孔丘这个人，只懂得礼仪而不懂得军事。如果两国国君相会时，派附近的莱人以武力劫持鲁侯，必定能达到我们的目的。"

齐景公听从了犁弥的意见，带领附近的莱兵前往，准备劫持鲁定公。幸好孔子提前防范，鲁国才加派了军队和军事长官。

（二）

会盟的会场设在距离夹谷南麓不远的一处空阔的地带，地面上临时搭建起有三级台阶的土台和环台而筑的四方土院，院子四边各开一门，这就是作为会场的坛和宫。

齐景公与鲁定公见面后，互相施礼，然后登坛就席，双方随行人员依次列于下阶。会晤过程中举行献酬礼后，齐国执事者便要求表演当地的舞乐助兴，于是附近的一群莱人开始手持旌旗及刀、剑、盾等兵器鼓噪而至，准备劫持鲁定公。

孔子见状，一面命令鲁国卫队将这伙人挡在场外，一面抢先登坛保护鲁国君侯。由于心急，他甚至顾不上登坛的礼节，三级台阶一两步就跨了上去。

孔子一登上坛，就责问齐景公道：

"两国国君合好，而蛮夷之俘以兵乱之，这不是齐军率命诸侯的方法！边远地区的人不能图谋中原之地，不开化的边鄙之民不能图谋、扰乱华夏，被俘的兵士不能干预国君的会盟，两君好会，不能以武力相逼。如果这样做，从祀神方面讲是不祥，从道德方面讲是不义，从做人方面讲是失礼，想必齐君一定不会这样做！"

齐景公听了孔子的话，自知理亏，只好让莱兵退下。

犁弥等人见劫持鲁定公未遂，于是在两国盟誓时，单方面地在盟书上加了一句话：

"齐师出国征伐，而鲁国不派出三百辆兵车相随，就会像盟书所要求的那样受到惩罚。"

这显然是一个不合理的要挟条款，目的是让鲁国成为齐国的附庸。孔子见状，立即派路大夫兹无还答道：

"你们齐国如果不归还我鲁国汶阳之田，而要我们供应齐国所需，也会同样如此！"

结果，齐国人只好作罢。

会盟结束后，齐景公又提出要搞一个宴会招待鲁定公，孔子为防止再出意外，谢绝了这一邀请，并对齐国大夫梁丘据说：

"齐国与鲁国的旧典您难道没有听说吗？事情已经结束，而又设享礼，这只能使办事人员徒劳。而且，牺尊、象尊这些礼器也不宜拿出国门，钟、磬等嘉乐不能在野外合奏。在此设享而动用这些东西，是不合礼法的；不动用这些东西而设享，那就像秕子、稗子一样轻贱。像秕、稗一样受到轻贱，对国君就是一种羞辱；办事不合礼法，又会招来恶名。您为何不好好考虑这个问题呢？享礼是用来宣扬德行的，不能宣扬德行，还不如不用。"

孔子的这番拒绝的言辞，表面是抓住礼仪方面的具体问题作为理由，实际是表达了对齐国无礼行径的不满，这种不满无疑会促使齐国进行自我反省。会后，齐景公为了履行盟约和改善同鲁国的关系，便将汶水以北的龟阴、灌和汶水以西的郓等三邑还给了鲁国。

（三）

关于夹谷之会，《左传》、《谷梁传》、《史记》等所记各有不同。《左传》记载这件事的原文是：

夏，公会齐侯于祝其，实夹谷。孔丘相。犁弥言于齐侯曰："孔丘知礼而无勇。若使莱人以兵劫鲁侯，必得志焉。"齐侯从之。孔丘以公退，曰："士兵之！两君合好，而裔夷之俘以兵乱之，非齐君所以命诸侯也。裔不谋夏，夷不乱华，俘不干盟，兵不逼好。于神为不祥，于德为愆义，于人为失礼，君必不然。"齐侯闻之，遽辟之。将盟，齐人加于载书，曰："齐师出竟（境）而不以甲车三百乘从我者，有如此盟！"孔丘使兹无，还揖对曰："而不反（返）我汶阳之田，吾以共命者，亦如之！"齐侯将享公，孔丘谓梁丘据曰："齐、鲁之故，吾之何不闻焉？事既成矣而又享之，是勤执事也。且牺、象不出门，嘉乐不野合。飨而既具，是弃礼也；若其不具，用秕稗也。用秕稗，君辱；弃礼，名恶。子盍图之！夫享，所以昭得也；不昭，不如其已也。"乃不果享。齐人来归郓、瓘、龟阴之田。

而《谷梁传》关于会盟的记述又与《左传》所记有异，其中没有齐景公提出宴享鲁定公的事，却增加了优人闹盟会以辱鲁君的内容：

夹谷之会，孔子相焉。两君就坛，两相相揖。齐人鼓譟而起，欲以执鲁君。孔子历阶而上，不尽一等，而视归乎齐侯，曰："两君合好，夷狄之民，何为来为？"命司马止之。齐侯逡巡而谢曰："寡人之过也。"退而属其二三大夫曰："夫人率其君，与之行古人之道，二三子独率我而入夷狄之俗，何为？"罢会，齐人使优施舞于鲁君之幕下，孔子曰："笑君者罪当死。"使司马行法焉，首足异门而出。齐人来归郓、讙、龟、阴之田者，盖为此也。因是以见，虽有文事，必在武备，孔子于夹谷之会见之矣。

司马迁在《史记》中，综合了上述两段材料，对此事进行了更为完整的描述。

夹谷之会是鲁国由服从于晋国转而服从于齐国的开始。在春秋列国争雄的时代，小国从服于大国，这是不可避免的。在晋国的影响日益削弱的形势下，鲁国从服于齐国也是比较明智的做法。

值得注意的是，孔子在这次盟会中，充分利用诸侯普遍尊重的礼作为外交武器，据礼抗争，针锋相对，挫败了齐国的预谋，不仅收复了失地，还让齐国的统治者认识到，像鲁国这样富有文化传统的礼乐之邦不是可以任人摆布的，从而让鲁国在强大的齐国面前保持了自己的尊严与独立。这种既从服于齐国而又维护自身独立的立场，也让晋国能够对鲁国与齐国会盟抱有一种较为宽容的态度。因此，夹谷之会对鲁国来说，是一次外交上的重要胜利。

而孔子在夹谷之会上的出色表现，也让他在国际间赢得了很高的声誉。尤其是在鲁国，孔子的威信可以说在此时达到了顶峰。此后不久，大概是在第二年，即鲁定公十一年，孔子即"行摄相事"。当时仍是季桓子任鲁国执政，所谓"行摄相事"，可能是受季桓子委托，代替或协助季氏处理国家政务。

第十四章　堕都大计

　　益者三友，损者三友。友直，友谅，友多闻，益矣。友便
辟，友善柔，友便佞，损矣。

——（春秋）孔子

（一）

　　夹谷之会的圆满成功，为孔子提供了在鲁国政坛上进一步施展才能的机会。此时的孔子，雄心勃勃，准备干一番匡扶公室、裁抑私家的大业。但是，现实的政治情况是复杂的，并不会按照孔子这样一位理想主义成分极浓的政治家的愿望来发展。

　　从《论语》的记载来看，孔子在这一时期主要是处理外交事务。这些工作主要包括两个方面：一是应对、接待各国的宾客；二是出使他国聘问诸侯。

　　《论语》当中曾记载，孔子替国君应送宾客之事：

　　君召使摈，色勃如也，足躩如也。揖所与立，左右手，衣前后，襜如也。趋进，翼如也。宾退，必复命曰："宾不顾矣。"

当鲁国国君让孔子去接待各国的宾客时，孔子的表现是十分规范的：先是面色矜持庄重，脚步也快了起来，向左右的同僚作揖告辞，衣服一俯一仰的，但却很整齐。快步行走离去后，双臂微微抬起，衣袖飘飘，像鸟儿展翅一样。等到接待完宾客，孔子一定会回来复命，禀告国君说：

"宾客已经走了，不回来了。"

这种接待宾客的描写，说明孔子的朝堂和接待外宾时，在礼仪方面做得是十分周到合理的。

此外，《论语》中还记述了孔子接待他国大夫私人使者的事：

> 蘧伯玉使人于孔子。孔子与之坐而问焉，曰："夫子何为？"
> 对曰："夫子欲寡其过而未能也。"
> 使者出，子曰："使乎！使乎！"

蘧伯玉，名瑗，是卫国有名的贤大夫。可能他听说贤者孔子作了鲁国的大臣，便派使者来慰问孔子。

孔子早就知道蘧伯玉是一位向善改过的贤者，便问使者：

"蘧伯玉老先生在干什么？"

使者的回答是十足的外交辞令，说：

"他老人家在尽量减少自己的失误，但还没有做到。"

孔子一听，不由赞赏说：

"好一位使者啊！好一位使者啊！"

从以上所述孔子外交方面的出色表现来看，孔子足以成为此后外交官员的楷模了，在正式场合矜持庄严，私下交往又和蔼可亲。这种相得益彰的外交艺术，正是后来成功的外交家所具备的品行。

除了外交活动外，《论语》一书中还介绍了孔子这一时期的其他政治活动。比如在记述孔子朝会时的情形：

> 君命召，不俟驾行矣。
>
> 入公门，鞠躬如也，如不容。
>
> 立不中门，行不履阈。过位，色勃如也，足躩如也，其言似不足者。
>
> 摄齐升堂，鞠躬如也，屏气似不息者。
>
> 出，降一等，逞颜色，怡怡如也。
>
> 没阶，趋进，翼如也。
>
> 复其位，踧踖如也。
>
> 朝，与下大夫言，侃侃如也；与上大夫言，訚訚如也。君在，踧踖如也，与与如也。

有上述的记叙可以看出，孔子对于政事是十分勤勉的，一旦国君召见他，等不到马车备好，便徒步前往了；等到了宫廷大门，便俯身低首，谨敬得像没有容身之地一样；从不在门口中间停留，也不踩门槛；经过国君的座位旁，总是面色恭谨庄严，疾步走过，说话也是轻声细气的；提着衣服下摆向堂上走时，也是俯身低首，屏住气息；等奏事完毕出来时，降一级台阶，神情便放松一些、和缓一些；等到走下台阶后，便急步疾走，双臂抬起，就像鸟儿张开翅膀一样；回到自己所处的位置，仍然呈现出恭谨不安的样子。

而在朝堂上，国君不在时，孔子在同下大夫说话，也会呈现出一种温和怡然的态度；与上大夫说话，则表现出一种恭敬、正直的态度。等到国君来了，便立即恭谨起来。

从这些记述来看，孔子在朝廷之上的表现，是严格按照等级秩序行事的。

（二）

虽然季桓子已经让孔子"行摄相事"，将国政都托付给孔子代理，但是，作为一个有思想、推尊礼治王道的政治家，孔子也有一套自己的行政思想，他的中心思想就是尊王攘夷，强公室、抑私家。

但是，孔子的这一思想与季桓子所代表的私家势力要保护的利益又是矛盾的，而且这种矛盾是针锋相对、无法调和的。这一矛盾也决定了孔子与季桓子的亲密关系不会持续太久。

事实也的确如此。而导致他们之间关系恶化最直接、最根本的原因，就是"堕三都"这一重大历史事件的发生。

三都，是指季孙师领地内的费邑、叔孙氏领地内的郈邑和孟孙氏领地内的成邑。这三家在各自的采邑修有坚固的城堡。所谓"堕三都"，也就是要拆毁这三座城邑的城墙。

堕三都的原因，是据守这些城邑的邑宰不听采邑主的命令，在城中拥兵自重，甚至发动叛乱，严重损害了采邑主的利益。如季氏家臣阳虎占据讙、阳关的叛乱，公山不狃占据费地举行叛乱等。

加之鲁定公十年（公元前500年）时郈邑宰侯犯的叛乱。叔孙州仇和仲孙合忌率领军队两次围攻郈邑，都未能取得成功，后来不得不请求齐国出兵帮忙，共同围攻郈邑，但仍未奏效。

最后，叔孙氏只好采取离间之计，拉拢郈邑工师驷赤，让驷赤建议侯犯投降齐国，等侯犯接受了驷赤的建议，请齐国使者到来后，驷赤又到处散播谣言，说侯犯要出卖郈地给齐国，齐国将要把郈地的百姓迁居他方。郈人听后，十分害怕，都纷纷起来与侯犯作对。侯犯在驷赤的鼓动下，逃往齐国；驷赤将鲁国军队接应进郈邑，郈邑重新归叔孙氏所有。

虽然费邑、郈邑和成邑仍归季孙氏、叔孙氏和孟孙氏三家所有，而且阳虎、侯犯等人占据城邑的叛乱也均被平息，但三个都邑的城堡仍在，很容易被有异心的邑宰所占据，作为再次叛乱的基地。因此，孔子向鲁定公提出了"堕三都"的建议。

孔子提出这一建议的理由是"臣无藏甲，大夫毋百雉之城"，并且认为，陪臣之所以执国命，采邑长之所以多次叛乱，都是因为这些采邑具有坚固的城池、各贵族之家有武装的缘故。所以，应该先将城池拆毁，让他们失去谋叛的屏障。

这一建议的目的是削弱私家，扶住公室，鲁定公从自身的利益出发，立即就表示支持这一建议。而季孙氏、叔孙氏也吃尽了邑宰据城叛乱的苦头，从自身利益出发，也赞成孔子提出的堕三都的建议。因此，堕三都的计划得以实施。

鲁定公十二年（公元前498年）夏秋之际，堕三都的计划开始实施。首先是叔孙州仇带领军队拆除了郈邑的城墙，郈邑堕成。但是，叔孙氏作为邑主，拆除本邑城堡还要率师前往，如临大敌，则说明堕三都在一开始就有了对抗性。

堕郈的举动惊动了盘踞在费邑的公山不狃、叔孙辄等人。他们意识到，费邑肯定也会遭到同样的对待，于是先发制人。在堕费之前，他们抢先带领费人偷袭了鲁国国都。鲁定公与季桓子、孟懿子等人毫无防备，匆匆逃往季氏家中，登上武子台，试图凭借高台深榭进行抵抗。

费人追到台下后，发起强攻，情况十分危急。孔子得到消息后，忙命鲁国大夫申句须、乐欣率部反攻，将费人击退。城内的居民也迅速拿起武器，乘胜追击，在鲁城以东约90里的姑蔑打败了费人。公山不狃、叔孙辄等人逃往齐国。

事情平息后，季桓子、孟懿子等人率师堕费。随后，子路举荐了孔子的学生子高担任费宰。

虽然堕费有较大的难度，甚至差一点危及国君及三桓的性命，但毕竟还是成功了。而到了堕成邑时，整个事件的发展却受到了阻滞。

（三）

堕三都事件刚一开始时，叔孙氏、季孙氏都痛恨自己的邑宰背叛自己，因此愿意捣毁邑宰们赖以谋叛的老巢。但是，等他们经过一番深思后才意识到，叛乱发生的根本原因是自己选择邑宰不当，而私邑城堡的存在，却是三桓赖以自强的重要屏障。只要三桓任用忠实的家臣去做邑宰，就能保证采邑牢牢掌握在三桓手中。直到这时，三桓才意识到堕三都对他们自身利益的危害之大。

意识到了危害后，叔孙氏和季孙氏都感到很懊悔，所以对堕三都之事也不再参与支持了。而孟懿子一开始并没有反对堕三都，但要轮到拆毁自己的城邑时，也不好表示反对。因为一旦表示反对，对鲁定公、季孙氏、叔孙氏就无法交代。但其实他内心是不愿意拆毁成邑的城堡的。成邑宰公敛处父一直都对孟懿子忠心耿耿，有成邑城和公敛处父在，孟孙氏的势力就能够得以保存。

成邑位于鲁国的北境（今山东省宁阳县北），距离齐国边境不远。所以，公敛处父就对孟懿子说：

"如果拆毁成邑，齐国人就可以无阻拦地直抵鲁国北门。更何况，成邑是孟氏的保障，没有了成邑，也就没有了孟氏。您就假装不知道，我将拒绝拆毁成邑。"

公敛处父的话也提醒了孟懿子，于是默许了公敛处父的建议，对堕成佯装不知，按兵不动。而堕三都的深意也已被季孙氏、叔孙氏觉察，故他们对孟孙氏的做法也不加干预。

堕成邑的计划就这样拖到了这年的年底，最后只好由鲁定公亲自出马，率领公室军队包围成邑，但却未能攻破成邑，公室军队只好无功而返。至此，堕三都的计划半途而废。

堕三都事件的发生，也让三桓逐渐认识到孔子内心深处一贯坚持的原则，即强公室、抑私家；意识到了孔子参与鲁国政治的危险性。他们真正的敌人，并不是几个叛乱的家臣，而是想从根本上改变鲁国政治格局、裁抑三桓的孔子。因此，将孔子驱逐出政坛，也成为三桓必须要做的、最重要的事情。

此时，孔子、子路与三桓，尤其是与季氏之间的矛盾纠葛也开始出现。这其中不但有季氏意识到孔子对三桓政治的威胁，还有孔门内部叛逆的推波助澜。《论语》中曾记载，孔子的弟子公伯寮在季桓子面前诋毁子路的事：

> 公伯寮愬子路于季孙。子服景伯以告，曰："夫子固有惑志于公伯寮，吾力犹能肆诸市朝。"
>
> 子曰："道之将行也与，命也；道之将废也与，命也。公伯寮其如命何！"

由此可见，当时的斗争已经十分激烈了，就连鲁国的一位大夫子服景伯也出来抱打不平，认为公伯寮诽谤子路，蒙蔽了季桓子。他向孔子进言道：

"以我的力量，就能让公伯寮横尸街头！"

但事实上，子服景伯并没有看出其中的奥妙，因为公伯寮这样做的目的不仅是子路，真正的目的是要讨好季氏，扳倒孔子。倒是孔子表现出了贤者的态度，依然执着于自己的理想，不为官位的去留而萦怀，取听天由命的态度。

鲁国的真正执政者已经意识到了孔子政治主张的危险性，扳倒孔子的活动自然也从隐蔽转向了公开。

事实上，自从堕三都事件之后，孔子便已经被挤出了鲁国的权力中心，虽然身居大司寇之职，却已无政事可做。此时的孔子，也产生了退出鲁国政坛的准备，只是还没有付诸行动而已。

堕三都事件失败后不久，孔子就病倒了，好几天都躺在床上不能下地。鲁定公来看望他，他半卧着，不能施礼，但仍然将上朝的礼服盖在身上，拖着佩戴，面朝国君，竭力保持自己的礼容，不让自己流露出坏情绪来。

鲁定公十三年（公元前497年）春，齐国为了继续实施对鲁国的怀柔政策，示修好之意，特意从齐国挑选了80名能歌善舞的美女和120匹良马送给鲁国。齐国的这一做法，名为亲善，实际上是想让鲁定公迷恋声乐游乐，荒废政事。

此后，季桓子便经常陪同鲁定公一连多日欣赏齐女歌舞，沉迷酒色，不理朝政，故意冷落躲避孔子，好让孔子知难而退。子路见状，十分反感，觉得为这种人谋划实在是白费心思，于是劝孔子离开鲁国。

但孔子仍然对鲁国抱有幻想，打算再等一等，认为鲁国即将举行郊祭，如果按照礼制行事，会将致祭的祭肉分给大夫。孔子想看到时是否会将祭肉分给自己，再作决定。

结果让孔子很失望。这年春祭，应该分给孔子的祭肉并没有送来。至此孔子才明白，自己绝对不会见用于季氏了，于是下定了退出鲁国政坛的决心。

第十五章　卫不得志

君子名之必可言也，言之必可行也，君子于其言，无所苟而已矣。

——（春秋）孔子

（一）

鲁定公十三年（公元前497年）春，孔子及弟子经过商议后，决定离开鲁国，前往卫国。之所以选择卫国，是因为卫国与鲁国相邻，是鲁国的兄弟之邦，以前吴公子札曾到那里游历过，称赞"卫多君子，未有患也"，卫国的贤大夫蘧伯玉还在几年前派使者访问过孔子。如果在卫国不能久居，还可以就地西渡黄河赴晋，或由卫而南，至郑、陈诸国。

但是，对于已经55岁的孔子来说，离开自己的父母之国，总有许多难以割舍的眷恋。家室、乡里、故旧，以及几年来同鲁国君臣之间的宦游私交，都层层挟裹着他的心绪。

带着这种复杂的心情，孔子率领弟子子路、颜回、子贡、冉求、宰我、高柴等十几名学生离开鲁国，开始了他长达十余年之久的羁旅生活。

孔子一行沿着通往卫国国都帝丘的大路西行。他们沿途休憩，走走停停，行进缓慢。学生们都埋怨孔子走得太慢，孔子解释说：

"我走得慢，是因为离别父母之国的缘故啊！"

不久，他们来到了鲁国边境的一个名叫屯的地方，又停了下来。这时，季桓子派出的一位名叫师己的乐官赶到此地为孔子送行。孔子见季桓子派来的这位使者既无自责之意，又不表示挽留，也不愿多说什么，只是说：

"我来唱支歌给你听吧。"

于是，孔子一面抚琴，一面唱道：

> 彼妇之口，可以出走；
> 彼妇之谒，可以死败。
> 盖优哉游哉，维以卒岁！

师己返回鲁都后，将与孔子见面的情况如实报告了季桓子。季桓子知道孔子作歌是批评他接受齐人的女乐。对孔子的离去，他既不愿挽留，又觉得惋惜，不禁叹了一口气。

经过几天的行进，孔子与众弟子进入了卫国境内。卫国地处华北平原中部，古黄河、淇水、濮水都流经其境，水力资源充足，土地平坦肥沃，是古代便于农业生产和人类栖息的上沃之邦。孔子一行渡过濮水，进入卫都郊遂，就为沿途人烟稠密的景象所吸引住了。

"这里的人可真多啊！"孔子不禁赞叹起来。

为孔子赶车的冉有听到孔子的感慨，便问孔子：

"既然有这么多的民众，又该对他们做些什么呢？"

孔子回答说：

"要让他们富足起来呀！"

冉有又问：

"若已经让他们富足了，又该怎么办呢？"

孔子回答说：

"使他们受到教育。"

富而后教，即在满足人们经济生活需要的基础上施以礼教，这是孔子离开鲁国后发表的第一条政见。几年的从政经验，也让孔子更加注重政治经济环境对实施礼教的重要性。

到了卫国的国都帝丘（今河南省濮阳县一带），孔子便住进了他从前的弟子颜浊聚家中。据说，颜浊聚是子路的妻兄。而这时，还发生了一个小小的插曲。

当时，由于孔子的名声已远播于诸侯各国，许多人都想借与孔子交往而抬高自己的身份。据《孟子》一书记载，当时卫国的大夫弥子瑕便极想请孔子住在他家。弥子瑕是卫灵公的宠臣，据说还是子路的连襟。《孟子》一书对此事是这样记载的：

> 弥子之妻与子路之妻，兄弟也。弥子谓子路曰："孔子主我，卫卿可得也。"子路以告。孔子曰："有命，君子进以礼，退以义。得之不得，曰有命。"

虽然弥子瑕表示可以担保让孔子做上卫国的卿大夫，但孔子一直以合乎礼仪作为自己的行为准则，所以并没有因为弥子瑕的一番许愿就住到其家中；而且，他还认为弥子瑕取媚于国君，自己不屑于靠这样的人引荐，最终仍住在颜浊聚家中。

（二）

孔子来到卫国，对卫国来说是一件大事，在卫国朝野引起了不小的轰动。卫国国君卫灵公听过孔子来到卫国，很快便接见了他，并赐给孔子丰厚的俸禄。因为孔子在鲁国为司寇时，俸禄是6万斛粟米，所以卫灵公也给了孔子6万斛粟米的俸禄，将孔子作为公养之士。有了这样一笔可观的收入，足以保障孔子一行十几人的生活所需。这样，孔子便搬离颜浊聚家，住到馆舍之中。

开始时，卫灵公将孔子当成一位能够帮他理国治君的人才来对待，甚至有让孔子备充顾问之职的想法，如卫灵公曾向孔子询问两军对垒之事：

> 卫灵公问陈于孔子。孔子对曰："俎豆之事，则尝闻之矣；军旅之事，未之学也。"

孔子认为，君王应以礼治天下，而不应寻求霸道。所以，对卫灵公提出的军旅之事，他的回答是"没有学习过"。

卫灵公的夫人南子，也因仰慕孔子的才学派人送信召见孔子，孔子不得已而前往，结果还与子路为此事发生了争吵。《论语》中记载道：

> 子见南子，子路不说。夫子矢之曰："予所否者，天厌之！天厌之！"

当时的卫国，卫灵公昏庸无能，夫人南子左右朝政。南子本人生活淫乱，名声很不好。所以，子路对老师孔子去拜见南子很有意见，孔子只好发誓自白。

孔子来卫国的前一年，卫国发生了公叔戍事件。公叔戍，卫国已故贤大夫公叔文子之子，继父职任卫国大夫。此人富而骄纵，卫灵公很讨厌他。这年冬天，他试图清除卫灵公夫人南子的党羽而被南子告发。次年春，卫侯驱逐公叔戍及其同党，公叔戍逃到他的采邑蒲（今河南省长垣县），在那里发动了叛乱，不久又逃到了鲁国。

孔子对公叔戍的父亲公叔文子多有赞辞，而公叔戍也曾向孔子的学生请教过有关丧礼方面的知识。公叔戍的叛乱败露后，可能有人根据这些情况诬告孔子等人，认为他们与公叔戍有勾结，故卫灵公派了一个名叫公孙余假的人到孔子的住所监视。

由于得不到卫灵公的信任和重用，且卫灵公也不欣赏孔子仁政德治的主张，孔子在卫国一直没有得到实际的官职。

孔子无政事可做，只好再次将精力用于教书育人上。此时，卫国的一些年轻人也因孔子的贤德之名，纷纷投到他的门下求学，这时比较著名的有子贡、琴牢（子开）、句井疆等。其中，最为著名的就是子贡。

（三）

子贡，姓端木，名赐，字子贡，卫国人，生于公元前520年，比孔子小31岁。据说，子贡是一位商人，曾在曹国、鲁国等地做买卖。孔子来到卫国后，子贡慕名投入孔子门下。在孔门弟子中，子贡以"言语"即善于言辞而著称。

在孔门弟子中，子贡在外交和经商方面都非常出色，《左传》中有关子贡的外交活动就有五次，而且每次都十分成功。在经商方面，他也是孔门弟子中的翘楚。如《论语》中曾记载：

　　子曰："回也其庶乎，屡空；赐不受命，而货殖焉，亿则屡中。"

这段文字说明，孔子的弟子中，颜回虽然道德学问很好，但却经常受穷；而子贡不听从于天命，做买卖时靠推测，却常常被他猜中。所以，子贡的买卖后来做得越来越大，《史记》中曾说：

> 子贡结驷连骑，束帛币以聘享诸侯，所至，国君无不分庭与之抗礼。

虽然子贡是孔门弟子中的著名商人，但子贡又是孔门弟子中最讲情义的人。当孔子受到时人攻击时，子贡总是极力维护孔子的声誉。孔子去世后，其他弟子都守墓三年，子贡却独独守墓六年。

孔子在卫国除了教育弟子之外，几乎没有其他的事情可做，因此也花很多的时间来研究卫国的人文政治，并对卫国的卿大夫多有议论：

> 子谓卫公子荆，"善居室。始有，曰：'苟合矣。'少有，曰：'苟完矣。'富有，曰：'苟美矣。'"
> 子曰："直哉，史鱼！邦有道，如矢；邦无道，如矢。君子哉，蘧伯玉！邦有道，则仕；邦无道，则可卷而怀之。"

卫国的公子荆，是卫国的君子，也是一位很善于节俭居家的人，所以孔子赞美他。而史鱼是卫国一位非常忠直的大夫，《韩诗外传》卷七曾记载，史鱼在死前曾嘱咐儿子，不要在正室治丧，以此来劝谏卫灵公重用君子蘧伯玉，斥退佞臣弥子瑕。

虽然在卫国的生活还算安逸，没有政务，每日教学育人，但由于一直受公孙余假的监视，孔子也感到很不舒服，且担心因公叔戍事件受到牵连获罪，所以孔子只在卫国生活了10个月，便于鲁定公十三年（公元前497年）末离开了卫国。随同孔子及其弟子一起离开的，还有一个名叫公良儒的贵族青年，以私车五乘相从。

第十六章　匡城被拘

可与言而不与之言，失人；不可与言而与之言，失言。知
者不失人，亦不失言。

——（春秋）孔子

（一）

以私车相从的公良儒是陈国人，在陈国具有一定的政治背景，可以
为孔子在陈国上下奔走。加上陈国的宛丘相传是太皞之墟，存有许多
古代典章文物。所以，孔子在离开卫国后，决定前往陈国。

孔子师徒一行，南行百余里，来到了郑国的匡邑（今河南省扶沟
西）。匡邑原属于卫国，后被郑国所占领。鲁定公六年（公元前504
年），鲁定公率军伐郑，当时阳虎也在军中，曾对匡人有所杀戮，匡
人对阳虎十分痛恨。

在孔子的弟子当中，有一个名叫颜刻的弟子，当年曾随鲁军攻入匡
地。此时，颜刻正为孔子驾车，当进入匡邑时，就随手用马鞭指着城
墙的破败之处说：

"从前攻打匡地时，我就是从那个缺口处攻入城内的。"

结果，颜刻的这句话刚好被匡人听到了。匡人又见坐在马车上的孔

子长得有点像阳虎，后面还跟着不少车辆从人，都误以为孔子就是阳虎，于是将孔子抓了起来，并向邑主作了汇报。在混乱之中，孔子的弟子们也都被冲散了。

在《论语》一书中，对孔子师徒在匡邑被围的事情还进行了两段记述：

> 子畏于匡，颜渊后。子曰："吾以女为死矣。"曰："子在，回何敢死？"

> 子畏于匡，曰："文王既没，文不在兹乎？天之将丧斯文也，后死者不得与斯文也；天之未丧斯文也，匡人其如予何？"

这两段文字，前一段说明了颜回在危难之中对孔子的敬仰之情。被冲散的学生先后回到孔子身边，颜回最后一个回来。孔子见学生们一一生还，宽心了些。他对颜回说：

"我以为你死了呢！"

颜回说：

"老师您还健在，我怎么敢死呢？"

后一段话则说明孔子对自己的道德学问充满了自信。在拘禁期间，匡人对孔子等人施加的压力越来越大，学生们都十分担心孔子的安全。而孔子则不断抚琴，有时还与学生谈论礼乐，借以缓和大家紧张的情绪，并宽慰大家说：

"周文王去世时，过去的文化不是还保存在我们这里吗？上天如果要废弃这些文化，那我们这些后人就不会掌握它了；如果上天不废除这种文化，那么匡人能把我怎么样呢？"

匡邑主匡简子经过几天的观察，发现抓来的这些人并不像阳虎的一伙，而且又发现孔子是一位很有道德修养和懂得礼数的人，完全不像阳虎那一副强人面貌，于是就将他们放了。

由于这次意外，孔子便决定暂时返回卫国的，没想到的回程中，到达蒲邑时，又遇到了麻烦。

（二）

蒲邑，位于匡邑东北几十里处。前文提到的公叔戍，被卫灵公驱逐后，就逃到了蒲邑。由于蒲邑原为公叔戍的采邑，公叔戍便将这里当成了对抗卫国公室的根据地和大本营。

孔子及弟子经过这里时，被蒲人发现，蒲人便强行将孔子师徒扣留，并试图胁迫孔子师徒参与他们的谋反活动，利用孔子的名望来壮大自己的声势。

同行的公良儒是一位贤良而又刚勇的人，他气愤地说：

"我们刚刚才从匡邑死里逃生，到这里又遭遇劫难。与其再遭难，还不如拼战而死！"

于是，公良儒率领自己的五乘之众同蒲人厮杀起来。子路和孔子的其他学生也都合力助战。

由于孔子的弟子子路、公良儒等人拼死相争，蒲人开始害怕起来，感到留下这伙人反而会增加麻烦，但又怕他们回到卫国后向卫灵公通风报信，于是就与孔子师徒谈判。他们提出的条件是：孔子师徒不再回到卫国去，这样他们便放孔子师徒离开。

为了尽快离开蒲邑，孔子答应了蒲人的条件，并与蒲人举行了盟誓，这才得以从蒲邑的东门离开。

可刚一离开蒲邑，孔子就吩咐大家赶回卫国帝丘去。子贡感到不解，就向孔子提出了质疑：

"盟可负邪？"孔子曰："要盟也，神不听。"

在孔子看来，他与蒲人订立的盟约是在受到胁迫后才订的，连神灵都不会赞成的，因此完全可以背弃。

卫灵公听说孔子等人归来的消息后，十分高兴。可能是因为他们在蒲邑的态度让卫灵公解除了对孔子的怀疑，所以听说孔子归来后，卫灵公亲自到城外迎接，并问孔子：

"蒲邑可否讨伐？"

孔子回答说：

"可以讨伐。"

卫灵公又问道：

"我们的大臣都认为不能讨伐。蒲邑是卫国抵御晋、楚侵犯的屏障，卫国自己去讨伐它，是不是不大合适啊？"

孔子解释说：

"那里的人都不愿意与公叔戍叛国，都有保卫本土的决心，需要讨伐的只是那里的四五个头目而已。"

卫灵公虽然觉得孔子说得很有道理，但最终还是没有下定决心讨伐蒲邑。公叔戍据蒲叛卫的时间也不长，卫灵公三十九年（公元前496年）春，他就逃到了鲁国。

经历了匡、蒲两次危难，返回卫国后的孔子惊魂未定，不想再作远行，而且也想趁这次卫灵公对自己转变态度的机会进一步争取卫国政府的重视，以便可以在卫国立足和有所作为。所以，孔子便开始在卫国享受"公养之士"的待遇。这一次，孔子住在了卫国名大夫蘧伯玉的家中，还想通过弥子瑕结识卫灵公的夫人南子。

（三）

南子是宋国的女子，为人机敏，年轻貌美，因此深受卫灵公宠幸，对朝政有很大的干预力。而她也很仰慕孔子的名望，想看看这位贤者究竟什么样，于是就派人邀请孔子。

南子听说孔子是位很讲究礼仪的人，故而会见时，佩环苍玉，穿着考究，坐在薄纱帐内接见孔子。孔子进宫，向南子行礼，南子在帐内答礼。由于隔着一层薄纱，孔子看不清坐在里面的南子的样子，只听见她答礼时身上佩戴的玉器叮咚作响。

事后，孔子向学生们介绍会见的情况，称赞南子见面时对自己以礼相待，子路却不以为然，觉得自己的老师这样兴冲冲地去见一位名声不好的女子，实在有失体面，因此脸上露出了不快之色。

孔子见子路对自己的行为有些曲解，一时着急起来，指天发誓说：

"我如果有什么不妥当之处，老天会厌弃我的！老天会厌弃我的！"

会见还是有些收益的，由于孔子等人开展了同卫国上层社会的交往，他们中的一些人也受到赏识，并相继在卫国任职，如高柴任士师、子路任蒲邑宰等。

但是，孔子在这段时间却始终没能担任具体的职务，只是作为顾问有时被卫侯召去，陪伴在其左右。而这时，卫灵公又做了一件很让孔子以为耻的事。

这天，卫灵公与夫人南子一同乘车出游，请孔子"为次乘"，即乘坐第二辆车，并让宦者做骖乘，一起招摇过市。

卫灵公这样做，无非是炫耀他礼贤尚士，取得孔子的欢心，但在孔子看来，这却是卫灵公令自己成为其夸耀的摆设，因此直斥卫灵公道：

"吾未见好德如好色者也。"

后人将这一事件称为"丑次同车"。

孔子见卫灵公并不把自己当成卫国宫廷的食客，甚至有点弄臣的意思，根本没打算重用他，便慨叹道：

"苟有用我者，期月而已可也，三年有成。"

孔子这句话的意思是说，如果有人愿意任用我主持国家政事，一年便差不多了，三年就会有所成就。

虽然孔子对自己的才学很有信心，但他的话始终没有得到卫灵公和其他卫国人的响应。孔子越来越感到自己的卫国作为客居者的陪衬地位，虽然待遇丰厚，但并无实际作用，就像是系而不食的匏瓜（葫芦）。对比昔日在鲁国担任司寇的情形，孔子不禁又平添感慨。

也正是在这个时候，晋国的赵简子攻打另一位大夫范氏。范氏的家臣佛肸为中牟邑的邑宰，于是，佛肸便以中牟邑为根据地来对抗赵简子。

佛肸听说孔子既贤德又有才学，便想请孔子师徒来辅助自己，于是派人向孔子发出了邀请。孔子本来打算前往，却遭到了子路的反对。子路说：

"我以前听您说过：'亲身干坏事的人，君子是不到他那里去的。'现在，佛肸占据中牟反叛，而您却要前往，这怎么说得过去呢？"

孔子回答说：

"是的，我是说过这样的话，但是你不知道吗？最坚固的东西磨不薄，最白的东西染不黑。我难道是匏瓜吗？怎么能老是挂在那里不供人食用呢？"

此时的孔子，已经快60岁了，时不我待。孔子自己也认为，他不能像匏瓜一样，只能让人系在腰间，供人泅渡而不能食用。也就是说，卫灵公将孔子养在卫国而不让其供职的做法，孔子是很引以为憾的。

但是，孔子或许鉴于中牟问题涉及到晋国内部宗派斗争的复杂关系，或者要去中牟的说法不过是他一时烦恼所云，最终他并没有应佛肸的邀请前往中牟。

第十七章 茫然岁月

好仁不好学，其蔽也愚；好知不好学，其蔽也荡；好信不好学，其蔽也贼；好直不好学，其蔽也绞；好勇不好学，其蔽也乱；好刚不好学，其蔽也狂。

——（春秋）孔子

（一）

一直以来，到晋国去都是孔子的一个心愿。晋国是春秋时期最有影响的大国，在那里从政行道，其影响所及远非他国可以比拟。早在仕鲁之前，孔子就十分关注晋国的政局。而如今，赵、魏、韩、知四族与范氏、中行氏的宗派政治斗争正处于相持阶段，孔子希望会见担任晋国执政的赵简子，能够为缓和、平息晋国的动荡局势及其未来发展提供帮助。

于是，鲁哀公元年（公元前494年）初冬，孔子便携带子贡等人离开卫国，前往晋国。但让孔子意外的是，当他们走到黄河东岸，还没离开卫境时，就听说赵简子杀害了晋国的两位贤大夫窦鸣犊和舜华的消息。这让孔子感到十分懊丧，遂决定不去晋国了。

窦鸣犊和舜华两位大夫的被杀，在精神上给孔子以沉重的打击，让孔子陷入到深深的伤感之中，既为被杀的两位大夫，也为自己。对此，孔子对弟子子贡说道：

"窦鸣犊和舜华是晋国的贤人，赵简子没有得志时，依靠他们出力；等他掌权后，却把他们杀了。我听说，残害幼兽，麒麟就不会出现在郊外；涸泽而渔，龙就不会降雨；捣毁鸟巢鸟卵，凤凰就不会飞翔。为什么呢？因为物伤其类啊！鸟兽尚且如此，何况是我呢！"

无奈之下，孔子只好回车东还，在一个名叫陬乡的地方，作《陬操》歌，以寄托对窦鸣犊、舜华两位大夫的哀悼。歌曰：

> 干泽而渔，蛟龙不游。
> 覆巢毁卵，凤不翔留。
> 惨予心悲，还原息陬。

这样，孔子就又返回了卫都帝丘。

孔子赴晋的举动，让卫灵公感到十分扫兴，因为当时晋国的内部宗派斗争已经引起卫国干预。就在这年的夏秋，卫国为了援救范氏、中行氏，同齐、鲁两次联合伐晋。因此，对于孔子的这次返卫，卫灵公故意向孔子请教军事问题，以按时卫、晋已处于交战期，表明对孔子赴晋一事的不满。

卫国大夫王孙贾来看望孔子，希望孔子巴结卫灵公的宠臣，以重新获得卫灵公的欢心，但他又不明说，而是用隐语试探性地问道：

"人们说：'与其讨好奥神，不如巴结灶神'，这句话如何理解呢？"

"这话是错误的。"孔子说，"如果得罪了上天，又该向谁去祷告呢？"

孔子赴晋返卫后不久，即鲁哀公二年（公元前493年）夏四月，卫灵公在做了42年国君后死去了。围绕着国君继承权的问题，卫国公室展开了一场激烈的斗争。

在卫灵公去世之前，太子蒯聩就因谋害南子未遂而流亡国外。卫灵公想立公子郢为太子，郢不从，于是改立蒯聩的儿子辄为太子。

卫灵公死后，辄即位，是为卫出公。出公坚持已故灵公的反晋立场，晋国的赵简子便决定将其除掉，故而竭力扶持蒯聩。卫灵公死后两个月，赵简子便接纳蒯聩，要他在阳虎（鲁定公九年奔晋，为赵简子所用）率师护送下，以奔丧为由进入卫都。

由于途中遭到卫师阻击，蒯聩率师来到距卫国国都仅40里的戚邑，并以此为据点，同卫出公抗衡。至此，围绕君位继承问题的蒯聩父子之争便拉开了序幕。

（二）

这场君位之争一时难分胜负，卫国朝野上下一片混乱。孔子向来是主张危邦不入、乱邦不居的。在这种政治形势下，孔子自然也无法再在卫国待下去了。

而且，孔子也不赞成卫出公辄与其父亲争夺君位的行为。对此，《论语》中有一段冉有、子贡询问孔子对卫出公态度的对话，便说明了这一点：

冉有曰："父子为卫君乎？"子贡曰："诺，吾将问之。"

入，曰："伯夷、叔齐何人也？"曰："古之贤人也。"曰："怨乎？！"

曰："求仁而得仁，又何怨？"

出，曰："夫子不为也。"

127

子贡没有直接问孔子的态度，而是向孔子提出伯夷、叔齐两个人是什么样的人这个问题，以此摸清了孔子对卫出公的态度。因为伯夷、叔齐都是孤竹国的公子，他们两人互相推让，都不肯做孤竹国的国君，为此，两人都跑到国外去，意在让对方坐上君位。最后，两人都放弃了君位。

而与这两位贤者比起来，卫出公与其父蒯聩显然为孔子所不耻了。因此，孔子对他们谁都不支持。

此时，卫国的时局日渐紧张。卫出公加紧准备，要去攻打被其父占领的戚邑。战祸迫在眉睫，孔子不想再卷入战争之中，遂决定离开卫国，到陈国去。而他的弟子，除了一部分继续留在卫国为官外，其余的人也都随他一同离开。

鲁哀公二年（公元前493年），59岁的孔子离开客居4年之久的卫国，前往陈国。孔子师徒一行自卫国都城帝丘出发，一路向东南行去，到达了曹国都城陶丘（今山东省定陶县一带），然后又到达了宋国都城南丘（今河南省商丘市一带）。

宋国曾是孔子祖先生活过的地方，孔子年轻时还曾来宋国学习考察过殷商的礼制，而孔子的夫人亓官氏也是宋人，因此，孔子对这里有一种分外的亲切感。

但是，宋国的君臣对这位同本国有着血缘关系的著名人物的到来似乎并不在意，自然也没有表现出什么热情。

宋国的国君宋景公也是在孔子主动求见下才接见他的。一见面，宋景公就向孔子提出了一大堆问题：

"我想让国家长存，我想得到许多都邑，我想让民众不起疑心，我想让士人尽心尽力，我想让季节符合时宜，我想让圣人自动到来，我想让官府得到治理，要做到这些都该怎么办呢？"

孔子觉得宋景公的这一连串问题很有趣，便回答说：

"其他国君向我发问的不算少，但从没有人像您这样一次问这么多。"

然后，孔子针对宋景公提出的问题从容地回答说：

"我以前听人说：邻国相亲，则国家长存；君惠臣忠，则多得都邑；不杀无辜，不释有罪，则民心不疑；俸禄优厚，则士人尽力；尊天敬鬼，则季节适宜；崇尚道德，则圣人自来；任能黜否，则官府治理。"

宋景公听完孔子的回答后，感到这一连串的要求和自己提问的问题一样，也是一大堆难题，于是说道：

"好啊！谁说不该这样做呢？可是我不能，我做不到。"

孔子说，事情并不难，只要坚持做就行了，但宋景公已经不想再听了。

宋景公的问题和冷漠态度还不是让孔子最难堪的，最令他无法忍受的，是宋国司马桓魋。此人是宋国先臣向戌之孙，宋桓公的后裔。他为人骄纵奢侈，当上司马后便想死后不朽，于是命人给他做了一副巨型石棺。由于施工困难，三年都没有完工，工匠们都累倒了。

孔子知道这件事后，很是气愤，说道：

"与其他这样奢侈，不如叫他死后早些烂掉！"

这话传到了桓魋耳朵里，桓魋非常愤怒，就要教训一下孔子。当时，孔子师徒经常在一棵大树下演习礼仪，桓魋就命人将那棵大树拔掉，还扬言要杀掉孔子。

学生们见桓魋如此嚣张，都十分担心孔子的安危，劝孔子赶快离开。孔子却十分自信，说道：

"上天让我有德，桓魋能把我怎么样？"

说归说，最后孔子还是改装易服，与弟子们分成几批秘密逃出了宋国国境。桓魋得知孔子及其弟子逃走后，派人前去拦截，但孔子等人已经离开多时，而且不知去向，桓魋只好作罢。

（三）

郑国国都新郑（今河南省新郑县）距离宋城300余里。分散潜行的孔子等人经过几日的仓皇跋涉，终于相继到达了郑都城外。孔子独自站在新郑城的东门外，等候弟子们的到来。

这时，子贡在城内寻找孔子不着，就四处打听，碰巧一位老乡看到过孔子，就告诉子贡说：

"东门有人，其颡似尧，其项类皋陶，其肩类子产，然自要以下不及禹三寸。累累若丧家之狗。"

子贡按照老乡的指点找到了孔子，并将老乡的话如实告诉孔子。孔子听完后，再看看大家一个个落魄的样子，不禁大笑起来，说：

"形状，末也。而谓似丧家之狗，然哉！然哉！"

孔子的话的意思是说：长相并不重要，说我像丧家之狗，这倒很像啊！很像啊！

孔子与弟子会合后，不久便取道东南，前往陈国，以图寻求新的机遇。鲁哀公三年（公元前492年），孔子师徒几经周折，才到达向往已久的陈国。

陈是南方妫姓小国，相传是舜的后裔，国都宛丘（今河南省淮阳市）。孔子到达陈国后，投奔了陈国大夫司城贞子，并通过他见到了陈闵公。

陈闵公对孔子这位中原名人和他的一群弟子的到来十分高兴，待以上宾，将最好的馆舍分配给他们住，这也让孔子获得了生活上的暂时平静与安宁。

孔子来陈国不久，即鲁哀公三年（公元前492年）五月，鲁国宫廷内发生了火灾。大火从西边的思铎烧起，越过公宫，殃及东面的宗庙。孔子远在陈国，听到这个消息后，心中有一种预感，"一定是鲁桓公和鲁僖公的庙被烧毁了吧"。

不久，孔子的预感得到了证实，的确是桓公和僖公的庙被大火烧毁。这让陈侯感到十分惊讶，他怀着十分崇敬的心理对子贡说：

"我现在才知道圣人是多么的了不起啊！"

由于受到陈国君臣的礼遇，孔子便在陈国留居下来，从事一些文化教育活动，充当政府的文化顾问。当地不少青年听说孔子的名声后，也纷纷前来向他求学，如子张、巫马期等人，都是孔子在这个时期收下的陈国弟子。同为孔子后期门生的子夏、子游等人，也可能是此时前后慕名前来拜师而追随其左右的。

也就是在孔子60岁的这年秋天，鲁国执政季桓子大病。临终前，季桓子嘱咐其子季康子将孔子召回鲁国。

季桓子死后，季康子继任执政，欲召孔子。但由于公之鱼的阻挠，最终季康子改召孔子的弟子冉求回鲁。冉求回到鲁国后，当上了季氏家的总管。

冉求的回国，勾起了孔子的一腔思乡之情，毕竟他已经是60多岁的人了，离开鲁国也有十几年了，那里有他的妻室儿女，有他的弟子，所以《论语》中记载道：

> 子在陈，曰："归与！归与！吾党之小子狂简，斐然成章，不知所以裁之。"

然而，孔子还是没能回去，命运还是让他继续在异国他乡流浪。

（四）

孔子的声望和在陈国的影响，引起了邻近的楚国的注意。楚国是南方大国，自从楚庄王争霸中原以来，其影响所及足以与齐、晋抗礼。楚昭王初期，虽然遭受吴人略地入郢的打击，但近来国力有所恢复，因此，赴楚一游也成为孔子居陈时的一大心愿。

当时，陈国处于楚国和吴国的争夺范围。鲁哀公六年（公元前489年），吴国讨伐陈国，楚驻军于城父（今河南省平顶山市西北），打算援救陈国。然而这年7月，楚昭王在率师进攻大冥（今河南省项城境内，北距陈都约60余里）时，突然发病，死于城父。

楚昭王病故后，楚师回国举丧。由于楚兵车队，陈国便面临吴军大举入侵的危险，城内气氛十分紧张。孔子见状，便决定带着学生到楚国去。

由陈国到楚国，需要途经蔡国故地。蔡，春秋古国，原建都于蔡（又名上蔡，今河南省上蔡县）；鲁昭公十三年（公元前529年），迁都新蔡（今河南省新蔡县）；鲁哀公二年（公元前493年），蔡昭侯为楚人所迫，投靠吴国，东迁都于州来（今安徽省凤台县），是为下蔡。鲁哀公四年（公元前491年），楚国将以前俘虏的蔡人和没有跟随蔡昭侯东迁的故蔡臣民迁入负函（今河南省信阳市），因其地为蔡人聚集区，故而也称之为蔡。

鲁哀公六年，楚昭王率军于城父时，陈国南境及陈境与负函之间的蔡国故地，是吴、楚两国的军事活动区。楚昭王病逝，楚军撤退后，这里的一些地方便为吴军所控制。孔子一行由陈入楚，首先就要经过这方圆800余里的广袤地域。

由于多年的战争破坏，这里人烟荒芜，无处宿馆致餐；蔡国故都因居民两度迁徙，实际已经成为废墟，根本找不到任何接济。因此，孔子一行到达这里时，立即便陷入困境，沿途还经常遭遇吴军侵扰，有时不得不绕道迁行，致使旅途更费时日。他们随身所带的粮食也在路上用去了大半，只好采集野菜充饥。

为了解救眼下之急，大家经过商量后，共同推举子贡到负函去，请求接应。因为负函是入楚的第一站，距离较近，那里的守官是楚国大夫叶公沈诸梁，有善名。

沈诸梁，字子高，因其采邑在叶，故而又被称为叶公。叶公早就对孔子仰慕已久，因此，对孔子的到来表示了欢迎礼敬之意，并安顿孔子一行人在负函住了下来。由于一路遭受饥困交迫之苦，中有山川阻隔，旅途不宜，孔子师徒也只好在负函暂作栖身，然后准备通过叶公或派学生与新即位的楚惠王取得联系。

孔子及其弟子在蔡国期间，大概同居卫、居陈期间一样，也担任了当地政府的政治文化顾问。叶公沈诸梁曾向孔子请教过一些政治问题，孔子回答说：

"近者悦，远者来。"

当时，负函集居着大批的蔡国难民，很难治理。孔子这句话的意思，是要叶公对居民施以惠政，让居民心悦诚服，从而吸引远地的民众前来。

不过，指望叶公沈诸梁向楚王推荐自己是靠不住的，孔子先后还派遣子夏、冉求等到郢都去同楚廷联系，但都没有得到满意的结果。无奈之下，赴郢会见楚王的打算也只好放弃。

（五）

居住在负函期间，孔子师徒更多的时间是到处游历。在这里，他们也遇到了各种各样的隐者。《论语》和《史记》当中，都曾记述了孔子师徒与这些隐者的交往情形：

长沮、桀溺耦而耕，孔子过之，使子路问津焉。

长沮曰："夫执舆者为谁？"

子路曰："为孔丘。"

曰："是鲁孔丘与？"

曰："是也。"

曰："是知津矣。"

问于桀溺。

桀溺曰："子为谁？"

曰："为仲由。"

曰："是孔丘之徒与？"

对曰："然。"

曰："滔滔者天下皆是也，而谁以易之？且而与其从此人之士也，其若从辟世之士哉？"耰而不辍。

子路行以告。

夫子怃然曰："鸟兽不可与同群，吾非斯人之徒与而谁与？天下有道，丘不与易也。"

在这段对话中，桀溺告诉子路说，像洪水一般的坏东西到处都是，你们要同谁去改变它呢？而且你与其跟着躲避人的人，为什么不跟着我们这些躲避社会的人呢？

子路回去后，将桀溺的话告诉孔子，孔子很失望地说：

"人是不能与飞禽走兽合群共处的，如果不同世上的人群打交道还与谁打交道呢？如果天下太平，我就不会与你们一道来从事改革了。"

还有一次，子路随同孔子外出，因师徒走散，便问一位老人，结果遭受这位老人的讥讽。但这位老人见天色已晚，便留子路食宿，并让其两个儿子与子路相见。

第二天，子路找到孔子后，再回来探视老人，老人与其子均已不见，于是引来了子路的一篇宏论：

> 子路从而后，遇丈人，以杖荷蓧。
>
> 子路问曰："子见夫子乎？"
>
> 丈人曰："四体不勤，五谷不分，孰为夫子？"植其杖而芸。
>
> 子路拱而立。
>
> 止子路宿，杀鸡为黍而食之，见其二子焉。
>
> 明日，子路行以告。
>
> 子曰："隐者也。"使子路反（返）见之。至，则行矣。
>
> 子路曰："不仕无义。长幼之节，不可废也；君臣之义，如之何其废之？欲洁其身，而乱大伦。君子之仕也，行其义也。道之不行，已知之矣。"

子路的一番感慨的意思是说，不做官是不对的，长幼间的关系是不可能废弃的，君臣间的关系怎么能废弃呢？想要自身清白，却破坏了根本的君臣伦理关系。君子做官，只是为了实行君臣之义的。至于道的行不通，我早就知道了。

　　当然，这些隐者的言行虽然给了孔子一定的思想触动，让孔子对自己的政治主张重新开始审视，但却并未动摇他实现自己政治主张的决心。而最能触动孔子灵魂的，是楚国的狂客接舆。《论语》中记载，楚狂接曾用歌吟来劝谏孔子：

　　　　楚狂接舆歌而过孔子曰："凤兮！凤兮！何德之衰？往者不可谏，来者犹可追。已而，已而！今之从政者殆而！"
　　　　孔子下，欲与之言。趋而辟之，不得与之言。

　　看来，接舆才是真正理解孔子的，欣赏孔子而又怜悯、同情孔子，但又不太赞成孔子过于执着的态度，因此用歌声来劝诫孔子，告诉孔子，算了吧，算了吧，现在的执政者自身已经很危险了。
　　接舆的出现，让孔子第一次产生了归隐的念头，毕竟现实政治并没有为他提供任何机会，而且，此时的他已经63岁了，又有几个当政者肯真正欣赏他呢？

第十八章　晚年归鲁

知及之，仁不能守之，虽得之，必失之。知及之，仁能守
之，不庄以莅之，则民不敬。知及之，仁能守之，庄以莅之，
动之不以礼，未善也。

——（春秋）孔子

（一）

随着楚国滞留日久，思乡、思归之情也越来越牵动孔子的心。在孔
子到负函的第二年，即鲁哀公七年（公元前488年），子贡赴鲁，接受
季康子派遣，会见吴国太宰伯嚭于鄫（今山东省枣庄市东）。事后，子
贡又返回孔子身边，并为孔子带来了祖国、家乡和亲人的消息。

位于鲁国南方的吴国，自从夫差即位以来，积极推行霸政。即位后
不久，夫差便大败越人于夫椒，迫使越王勾践臣服。

此后，吴国势力北上，与齐国争雄。地处吴、齐之间的鲁国，便成
为两个大国争夺的对象，腹背受敌。

鲁哀公七年，吴、鲁会于鄫地，吴国违反规定，向鲁国征调"百
牢"（牛、羊、猪等祭品各100头）。子贡在会见吴国太宰时，针对此
事批评吴国"不以礼命诸侯"。

鲁哀公八年（公元前487年），吴王夫差率师伐鲁，攻下武城、东阳，进军泗水，直逼鲁都。

面对吴军的大举入侵，留在鲁国的孔子的弟子和广大国人纷纷参展。鲁国大夫微虎组织了一支300人的敢死队，决心袭击吴王。消息传开后，吴王一夕三迁。最后，鲁国政府迫于吴国的压力，被迫与对方订立盟约。

同年夏，齐人也进攻鲁国，占领了灌、阐二邑，鲁国又被迫与齐国讲和。

从子贡那里，孔子也得知夫人亓官氏和儿子孔鲤的身体都不大好。居鲁弟子和鲁国将士对敌斗争的英勇气概让孔子感到鼓舞，而祖国的危难和家人的窘迫又让他十分担忧，孔子觉得，自己已经在负函待不下去了。

恰在此时，留在卫国做官的学生给孔子带来消息，请孔子返回卫国，称卫出公有委任他的打算。

接到这个消息后，孔子决定结束游历生活，先到卫国，在那里观察一下鲁国君臣对自己归国问题的态度，然后再作打算。

大约在鲁哀公九年（公元前486年）夏秋之际，孔子带领随行的弟子，离开楚邑负函，再次踏上返回卫国的归途。这一次，孔子师徒的行进路线是从负函到陈国，自陈国北上，经宋国的仪邑，抵达卫国的蒲邑，又由蒲邑回到卫国都城帝丘。

此时的卫国，围绕着君权争夺而产生的政治危机仍然没有消除。8年前，卫国太子蒯聩与其子卫出公争夺君位，结果没有战胜自己的儿子，只好再次流亡国外。

鲁哀公五年（公元前490年）和鲁哀公七年（公元前488年），晋国又两次侵犯卫国，试图支持蒯聩回国谋取君位，但都没有成功。

鲁哀公十年（公元前485年），也就是孔子及其弟子刚刚回到卫国的这一年，蒯聩为太子时的主要支持者和追随者公孟驱回到卫国，这在卫国人心头笼罩了一层阴影，蒯聩父子争权的余悸仍弥漫在卫国朝野。

在这种情势之下，卫出公很想得到孔子的支持。因此，卫出公对孔子的归来表示了极大的热情，孔子师徒也满心以为此次定然能得到卫出公的重用。

但是，卫出公欢迎孔子的归来，真正目的却是想利用孔子的威望。作为弟子们的精神领袖，孔子自然有着非凡的号召力。将孔子留在卫国，示以尊崇，孔子在卫国的弟子自然也会竭力效命于卫国；而滞留他国的弟子也可能会追随而来，为卫国所用。

所以，虽然孔子一腔热情，但卫出公却并没有让孔子执政的想法，只是想将孔子"公养"起来，并不授予实际的官职。对于孔子一生的仕宦，孟子曾给予了归纳总结：

> 孔子有见行可之仕，有际可之仕，有公养之仕。于季桓子，见行可之仕也；于卫灵公，际可之仕也；于卫出公，公养之仕也。

（二）

重返卫国后，孔子仍然没能得到重用，但已经过了"六十而耳顺"之年，孔子对世间的一切是非得失早已明察秋毫，对一切也似乎都看得开了。他没有再埋怨，也没有再自伤，而是平静地接受了这一切。

此后，从政便不再是孔子的第一追求，他开始将自己的主要兴趣转向文化学术生活，集中精力进行一些教学和治学工作。弘扬传统文化的使命感和"斯文在兹"的自负情怀，让他决心要在自己晚年将《诗》《书》《礼》《乐》和其他要籍整理出来，传之于后世。其中，对礼制礼俗及礼所体现出来的人情道德的研讨，仍然是孔子最为关注的课题。

在此期间，孔子又招收了一些弟子，能够留下姓名的有子夏、惠叔兰等人，其中最著名的，就是后来独成一家的著名弟子子夏。

子夏，姓卜，名商，字子夏，生于公元前507年，比孔子小44岁。子夏出身于贫寒之家，《荀子·大略》中曾记载了子夏的窘境：

> 子夏家贫，衣若县鹑。人曰："子何不仕？"曰："诸侯之骄我者，吾为不臣；大夫之骄我者，吾不复见。柳下惠与后门者同衣而不见疑，非一日之闻也。……"

但是，子夏却是孔门弟子中的一个十分难得的文武全才。对于古代文献，子夏可以说是众弟子中的专家，孔子经常会与子夏谈论古代典籍中的有关问题；在《韩诗外传》一书中，还记载了一个关于子夏勇毅的故事，称子夏与卫国的一位勇士曾随同卫灵公一起去会见赵简子，在卫国国君受到羞辱的情况下，子夏挺身而出，威逼赵简子，对赵简子说：

"君不朝服，行人卜商将以颈血溅君之服矣。"

于是，赵简子不得不以礼与卫国国君相见。

虽然生活在卫国，身边有众多弟子陪伴随侍，也有众多弟子任职于卫国，孔子的物质生活和精神生活都不会太窘迫，但孔子毕竟已经离开鲁国十几年了。以前，孔子热衷于自己仁政理想的实现，能够自觉地抑制自己对故乡、对亲人的思念；而现在，孔子已经明了这一理想的缥缈，自然再淹留于异国他乡也没有任何实际意义。因此，迟暮之年的孔子，内心逐渐被思乡的情绪所占据。

恰在这时，鲁国传来消息，称孔子的夫人亓官氏去世了，这更从根本上促使孔子下定了归国的决心。孔子抛妻别子14年，颠沛流离于卫、陈、曹、宋、郑、蔡等国，却始终不被当权者所用，现在剩下的唯一的选择，就是回到故乡颐养天年了。

不过，孔子归鲁不仅仅是因为妻子的去世，因为亓官氏是在鲁哀公十年（公元前485年）去世的，孔子是在第二年返回鲁国的。所以，孔子返回鲁国还有着更为深层的原因。

早在孔子周游列国期间，他的弟子们便陆续回到鲁国任职，如冉求、子贡等。其中，冉求是于鲁哀公三年（公元前492年）时奉召回国的，回去后任季氏宰。

后来，子贡也返回鲁国，并为鲁国做了很多外事工作。如在鲁哀公七年（公元前488年）时，哀公会吴于鄫，吴国向鲁国征百牢之礼。鲁国迫于吴国压力，最后以百牢之礼馈吴。其后，吴国太宰伯嚭派人召季康子，季康子不愿前往，就派子贡到鄫辞谢。吴太宰伯嚭责问子贡道：

"国君道长，而大夫不出门，此何礼也？"

子贡针锋相对地回答说：

"岂以为礼，畏大国也。大国不以礼命于诸侯，苟不以礼，岂可量也。"

子贡认为，季康子这样做是有原因的，因为吴国不守周礼。所以，子贡这一次是不辱使命而归。

鲁哀公十一年（公元前484年），孔子返回鲁国的前夕，子贡又辅佐叔孙氏，为吴、鲁联合攻齐做了一些外交工作。

另外，孔子的弟子子张、有若、樊迟等，此时也都在鲁国供职。这些人推波助澜，都希望自己的老师能够回到鲁国。而季康子作为执政，也深知孔子的分量。作为一名蜚声于各国间的贤者，长期漂泊在外，对自己在国内的声誉也是一种损害。而且，孔门多才，如果不能被鲁国所用，就会被他国所用。如此一来，倒不如让孔子归鲁，孔门弟子自然也会跟随归来，为鲁所用；加之孔子此时已经垂垂老矣，不会再在政治上对季康子有所掣肘，故而季康子也希望孔子回到鲁国。

（三）

鲁哀公十一年（公元前484年）春天，鲁国与齐国之间又爆发了一场战争。齐国贵族国书等人率军攻打鲁国，孔子的弟子冉求代表季氏率领左师，孟氏率领右师，与齐人战于城郊。

在战斗中，孟氏所率的右师被击溃，而左师则因冉求启用樊迟，并以长矛武装士卒，主动冲击齐师，取得胜利。

在这场战斗中，孔子的另一位弟子有若也参加了。可以说，这次战争的中坚人物均出自孔门。战争结束后，季康子夸奖冉求，并问他的军事本领是从哪里学来的？冉求说，自己学于孔子。季康子又进一步打听孔子这个人怎么样，冉求趁机将孔子夸耀了一番：

"任用他一定会带来声誉，并有益于百姓，就是鬼神都找不出任何毛病。如果像我这样，仅仅向他学一点军事技能，即使俸以千社之禄，他老人家也不会接受的。"

季康子听后，又问；

"我想召他，怎么样？"

冉求回答说：

"想召他，要不听信小人之言才可以。"

听了冉求的介绍，季康子最终决定迎孔子回鲁。

而此时，卫国的执政大夫孔文子与他的女婿太叔疾发生家庭纠纷，孔文子便打算凭借自己的权力攻打太叔疾，并就此征求孔子的意见。

孔子很不高兴，就用他过去回答卫灵公的话作为回答：

"祭祀方面的学问，我曾经学过一些；军事方面的东西，我从来没有听说过。"

说完，孔子就叫人整理车子，准备离开孔文子，并说：

"鸟儿可以选择树木，树木哪里能选择鸟儿呢？"

孔文子连忙阻止孔子，说自己这样做并不是出于私怨，而是为了防止卫国出现祸乱，并请求孔子留下。

孔子正在犹豫不决之时，季康子派来的使臣公华、公宾、公林等人来到卫国，带着礼物来请孔子归国。

多年的回归之愿终于变成了现实，孔子不再迟疑，遂带领他的部分弟子如子路、颜渊等，随同鲁国使臣回到鲁国，结束了他长达14年的颠沛流离的羁旅生活。时值鲁哀公十一年冬，孔子已经68岁，像一只倦飞的鸟儿，终于回到了自己的巢穴。

孔子的归来，对鲁国来说可是一件大事，孔子一行因此也受到了在鲁学生与鲁国君臣的热烈欢迎，相继看望孔子的亲朋故旧和朝野人士络绎不绝。

遵从于当时各国尊贤、养贤之风，鲁国也给予了孔子极大的尊荣，尊孔子为"国老"。这一职位大概是清贵而无实际事权的，主要是备充顾问而已。

而从后来孔子的言行，鲁哀公、季康子等与孔子的交往来看，实际情况也的确如此。因为此时的孔子毕竟已经是一位进入迟暮之年的老人，不论是体力还是精力，都已难以胜任具体的政事。作为"孔氏集团"的领袖人物，给他安排一个体面而又无具体事务的职位，显然也是再恰当不过的了。

有一次，孔子受困在陈蔡一带的地区，有七天的时间没有尝过米饭的滋味。一天中午，弟子颜回讨来一些米煮稀饭。饭快要熟时，孔子看见颜回居然用手抓取锅中的饭吃。孔子故意装作没看见，当颜回进来请孔子吃饭时，孔子站起来说："刚才孟李祖先告诉我，食物要先献给尊长才能进食，岂可自己先吃呢？"颜回一听，连忙解释说："夫予误会了，刚才我是因看见有煤灰掉到锅中，所以把弄脏的饭粒拿起来吃了。"孔子叹息道："人可信的是眼睛，而眼睛也有不可靠的时候，依靠的是心，但心也有不足靠的时候。"

第十九章　编写《春秋》

富与贵，是人之所欲也；不以其道，得之不处也。贫与贱，是人之所恶也；不以其道，得之不去也。

——（春秋）孔子

（一）

从鲁哀公十二年（公元前483年）起，鲁国连续4年发生蝗灾、旱灾、粮荒，加上季氏"用田赋"的高税率政策，弄的百姓饥馑，民不聊生，盗风四起。

鲁国的境况让统治者十分恐慌，季康子跑去问孔子，请教防盗的方法。孔子对季康子的搜刮民资的行为很不满意，便说道：

"如果您不贪心，就是鼓励偷盗，别人也不会干的。"

鲁哀公也召见孔子的学生有若，询问年岁饥馑，国家费用不足，该怎么办？有若回答说：

"为什么不实行十取一的彻法呢？"

鲁哀公说：

"十取二，我还不够用，又如何去'彻'呢？"

有若回答说：

"百姓富足了，您才能富足；百姓不富足，您又怎么能富足呢？"

季氏厚敛重赋以及由此引发的经济后果和社会影响，是孔子归鲁后国内政治给他的第一印象。这一现象强烈地震撼了孔子的心，让他又一次体会到整饬当权者和关心人民疾苦的迫切性，以致他在同季氏和鲁哀公的多次谈话中都反复强调这一点。

有一次，季康子向孔子请教政治，孔子脱口而出，说道：

"政者，正也。您带头端正自己，谁还敢不端正呢？"

另一次，季康子又向孔子请教政治问题，问杀掉坏人以亲近好人的做法如何？孔子立即反驳道：

"您执掌国政，为什么要讲究杀人呢？您要行善，民众就会行善。当权者的行为就好比是风，民众的行为就好比是草，风向哪边吹，草就会向哪边倒。"

还有一次，季康子问孔子：

"想让民众严肃认真、尽心竭力和互相勉励，应该采取什么方法？"

孔子回答说：

"您对待民众的事情严肃认真，他们对您的号令就会严肃认真；您尊敬长者，慈爱幼孺，他们就会对您尽心尽力；您提拔好人，教育能力差的人，他们就会彼此勉励。"

孔子的这些观点，其中心思想都集中在了一点，就是强调当权者应该以身作则，遇到问题要从自身做起，为民众做好榜样。孔子将社会关系中这个最简单而对一切当权者又是最难做到的问题揭示出来，无疑是对社会不平等现象的深刻鞭挞。

此外，贯彻仁智精神，以做到知人善任，兴利于民，是孔子运用自己的理论以革除时弊的又一构想。他还将自己的这一主张多次向鲁国君臣阐述，以期引起重视。当鲁哀公问孔子，该如何让民众服从时，孔子回答说：

"举直错诸枉，则民服；举枉错诸直，则民不服。"

季康子问孔子，该怎样促使民众努力工作，孔子也回答说：

"举善而教不能，则劝。"

他还告诉季氏，卫灵公无道而国不丧的原因，是因为那里有仲书圉负责外事，祝鮀负责祭祀，王孙贾负责军事。有这些贤臣发挥作用，国家才不会丧亡。

（二）

自从青年时代开始，孔子便深感王官失守，载籍残缺，文不足征。为此，弘扬传统文化的使命感使他很早就立下了搜集、整理文献典籍的志向。而当他进入暮年又不得诸侯重用后，这种愿望更加强烈。

于是，自从鲁哀公十年起，孔子便着手进行这项工作，次年归鲁后全面展开，直至鲁哀公十六年（公元前479年）去世，前后历时6年。经他整理的典籍，除了《诗》《书》《礼》《乐》外，还有《易》和《春秋》，后世将其合称为"六经"，也称"六艺"。

《易》本来是周代的一部卜筮之书，但其中的语句却包含着深刻的哲学思想。在孔子之前，《易》中只有卦辞和爻辞，即后人称之为"经"的部分；孔子之后，才有了"传"的部分。"经"与"传"合而为一，才成为我们今天所看到的《周易》。依照传统的说法，《易传》（汉代人称之为《易大传》）为孔子所作。

孔子晚年时期对《易》产生了浓厚的兴趣，希望自己能多活几年，完成对《易》的学习和研究。其用功之勤，甚至达到了"韦编三绝"的程度，并创作了《十翼》，包括《九问》《十恶》《七正》《八叹》《系辞》（上下）《大教》《大数》《大法》《大义》，以阐明《易》。

同时,《易》又是孔子晚年设教的课程,商瞿就是受业于孔子而传《易》于后世的。在研究和讲授过程中,孔子也对《易》作了自己的解释,甚至对其进行了一些必要的整理。

在春秋时期,人们占卜和论理时,经常会引述《易》的卦象和卦爻辞加以申发,如鲁穆姜对《随卦》卦辞"亨利贞"的解释,晋史墨用《大壮》的卦象说明"社稷无常奉,君臣无常位"。

此外,当时还可能出现过解释爻辞的专书,如韩宣子在鲁观书于太史氏所见到的《易象》,虽然不一定是后来的《象传》,但一定是同解释《易经》有关的读物。

博学多才的孔子在研究《易》时,完全可能参考上述这些材料,并站在他当时所能达到的思想高度,对它们进行总结、提高,然后系统地给学生们讲授,从而为后来《易传》的形成奠定了基础。

从这个意义上来说,孔子也参与了《易传》的创世工作。《易传》的成书比较复杂,杂糅了战国秦汉间不同学派的思想。后人经过分析认为,"《易传》中有孔子自传、弟子记录孔子语、采用前言旧说、后世人窜入"四种成分存在。

但是,它传《易》所表现出来的注重礼、仁的政治论理色彩和"中以行政"的中庸之道,都保存了孔子思想的明显痕迹。因此,《易传》的形成与孔子是不可分割的,这也是孔子对中国哲学思想的巨大贡献之一。

(三)

在研究传释《易》的同时,孔子还进行着一项工作,那就是日夜不辍地编纂一部编年体政治历史典籍《春秋》。

《春秋》一书,上起鲁隐公元年(公元前722年),下迄于鲁哀公十四年（公元前481年），前后共包括鲁国的12位国君，言简意赅地记叙了242年的历史。

当时，社会上存在着许多史书，如晋之《乘》、楚之《梼杌》、鲁之《春秋》等，但记述的都是各国诸侯沙伐会盟争霸之事，只有一种史的实录，并没有特别的意义。

到了孔子时期，孔子出于对弟子传授自己忠君尊王的思想，同时更是为了垂宪后代，才在鲁国的《春秋》等史书所提供的史料基础之上，依据自己的政治观点，重新编写了一部新的政治性很强的史书，也就是我们现在看到的《春秋》。

在编纂过程中，孔子并不是对其进行简单的汇集，而是有原则地进行整理，即以尊奉周王为正统，参酌了殷朝的旧制，推而上承三代的做法，凡是符合遵从礼制者，都会大力赞扬；凡是违反礼制者，则会贬抑责备。

比如，晋文公曾召集的践上会盟，周襄王竟以盟友身份应召前往会见，孔子认为，这是不合周王礼制的，所以进行了修改，写成"周天子巡狩到了河阳"。孔子之所以这样写，并非要篡改历史，而是意在维护周朝的礼制。这也正体现了孔子"推行周礼"的人生理想。

《春秋》这部史书是以孔子为主，并由他带领他的几位弟子共同整理完成的。对于孔子作《春秋》和为何要作《春秋》，《孟子·滕文公下》中有这样的记载：

> 世衰道微，邪说暴行有作，臣弑其君者有之，子弑其父者有之。孔子惧，作《春秋》。《春秋》，天子之事也。是故孔子曰："知我者，其为《春秋》乎！罪我者，其为《春秋》乎！"

孟子是孔子之孙子思的弟子，距离孔子生时甚近，因此他的说法也

149

应该是对的。按照孟子的说法，孔子修《春秋》是感乱于世，具有强烈的社会批判性。而孔子对这部史书也相当重视，称"后世的人知道我是在行圣王之道的，只有靠这部《春秋》；而怪罪我以布衣身份褒贬王侯的，也是因为这部《春秋》了"。

对于《春秋》的历史意义，孔子曾这样说道：

"夏朝的政治不衰亡，商朝的政治就不会产生；商朝的政治不衰亡，周朝的政治就不会产生；周朝的政治不衰亡，《春秋》就不会撰作；而《春秋》撰写以后，君子就知道周朝的政治衰亡史了，也知道政治衰亡的规律了。"

本着读史让人明智的目的，孔子在编写《春秋》的过程中，其态度也极其严肃认真，很注重通过史实说话。他说：

"记载言辞，不如通过事实来表现，因为后者是那样深切显明，容易让人信服。"

其次，孔子所选取的史料绝对真实。从今日的考证看来，孔子在《春秋》中所采用的历史事件、异常变化、天文现象发生的年月日等，都精确无误。据史书记载，孔子为了得到真实的资料，与他的弟子们进行了大量艰苦的搜求与梳理工作，并派子夏等14位弟子，到全国各地去搜求周王朝及各个诸侯国的史书，结果抄回来120个诸侯国珍藏的史籍，然后一一整理而成。

同时，孔子还将微言大义渗入到《春秋》一书的字里行间之中，该褒的褒，该贬的贬，令乱臣贼子读而生畏。由此，"孔子成《春秋》而乱臣贼子惧"。

第二十章　痛失亲人

士不可不弘毅，任重而道远。仁以为己任，不亦重乎？死而后已，不亦远乎？

——（春秋）孔子

（一）

孔子一生命运坎坷，晚年时更加不幸，打击一个个接踵而来。自从夫人亓官氏去世后，他唯一的儿子孔鲤也先他而去。不久，他最亲密的两个弟子——颜回和子路，也不幸亡故。

孔鲤死于孔子70岁那一年，即孔子归鲁后的第三年（鲁哀公十三年），年仅50岁。孔鲤为人恭顺，十分听从父亲的训导。但是，孔子对他的教诲同对自己的学生一样，没有任何特殊的地方。在立业问题上，孔子也没有利用自己的地位和影响为他谋取一官半职。直到去世时，孔鲤还只是一个普通的士。

孔子年轻时，长期忙于教育学生和进行社会活动，从而忽略了家事。在多年游历于诸侯期间，都是由孔鲤和他的母亲挑起了全家生活的重荷。作为父亲，孔子感到给予儿子的东西太少，倒是儿子给予了自己很大的支持。这种内疚，也增加了他晚年的丧子之痛。

命运对于孔子的打击还不止于此。孔鲤死后一年，即孔子71岁时（鲁哀公十四年），孔子钟爱的弟子颜回也溘然病故，年仅41岁。

在孔门弟子当中，颜回最受孔子宠爱，他对孔子也怀有儿子般的感情。颜回聪颖好学，闻一知十，对孔子的学说有着深刻的理解并信奉不渝。孔子从来不轻易以"仁"许人，但却认为颜回不离开"仁"，而且是弟子当中最能坚持这样做的人。

作为孔门中的高足，颜回积极支持大家从事社会政治活动，而自己又能洁身自守，身居陋巷，一箪食，一瓢饮，不改其乐，体现了孔子理想的独立人格与情操。所以，孔子对颜回说：

"得到任用，就积极行动；不得任用，就隐居起来。只有我和你能做到这一点吧！"

由于家境贫寒，生活条件差，颜回的身体一直不大好，29岁时其发尽白。他的英年早逝，让孔子遗憾地感到自己的学说失去了最优秀的继承人。

就是这样一位得意门生，却因生活贫困而过早辞世，这一不幸事件让71岁的孔子哀痛欲绝。《论语》当中，多次记述了这样的场面：

> 颜渊死。子曰："噫！天丧予！天丧予！"
>
> 颜渊死，子哭之恸。从者曰："子恸矣！"曰："有恸乎？非夫人之为恸，而谁为？"

在颜回去世的这一年春季，叔孙氏在鲁国的西部大野泽主持国家狩猎时，其御者自鉏商捕获了一头怪兽。孔子去看了后，认为那是麒麟。

麟与凤，古人都以其为吉祥物，当与圣人在位相应验。而此次麒麟却出现在当时的乱世之中，故被视为反常。它的出现，以及颜回的早逝，都让孔子增加了生不逢辰的想法，甚至产生了"吾道穷矣"的末路之感。这种感受与儿子孔鲤死后的孤独交织在一起，更让年迈的孔子陷入了极度的凄凉与悲伤之中。

悲恸归悲恸，但在对待颜回的丧葬问题上，孔子仍然坚持宁愿俭约而不愿奢侈浪费。颜回的父亲是孔子的弟子颜路，他知道孔子喜欢颜回，就请求孔子将自己所乘的车子做成颜回棺材的外套椁，但孔子还是回绝了。《论语》中记载了这件事：

> 颜渊死，颜路请子之车以为之椁。子曰："才不才，亦各言其子也。鲤也死，有棺而无椁。吾不徒行以为之椁，以吾从大夫之后，不可徒行也。"

在孔子看来，礼的要义在于表达敬爱之情，而不必过分追求形式上的铺张。如果离开实际经济条件而强作丰厚，反而会损害对死者的诚意。因此，孔子没有答应颜路的请求，也不同意大家为颜回举行厚葬。

但是，这次学生们没有听从孔子的建议，仍然厚葬了颜回，这是他们对颜回的爱戴和情谊。这让孔子很难过，他来到装殓颜回的棺椁前，轻轻地哭诉说：

"颜回呀！你生时待我像父亲一样，如今你死了，我却不能像对待儿子一样对待你，遂着你的心愿安葬你。请你原谅老师吧，这不是我的主张，只是那些弟子们坚持要厚葬你啊！"

颜回的死，给孔子带来的失落感一直都在他心中弥漫。在此后的日子里，孔子经常对这位已故的爱徒怀念不已。

有一次，孔子问子贡，他与颜回哪个最好？子贡回答说：

"我怎么敢与颜回相比呢？他能做到闻一知十，而我不过闻一知二罢了。"

孔子听后，叹息到：

"是啊，不如啊，我和你都不如他啊！"

（二）

孔鲤与颜回的死，给年迈的孔子带来了沉痛的打击。但是，厄运还远未结束，命运的不幸扔在继续摧击着这位老人。就在颜回死后仅一年，即鲁哀公十五年（公元前480年），追随孔子40多年的子路在卫国惨遭杀害。

子路性格豪爽，为人勇敢，做事果断，是孔子"堕三都"时有力的参与者和支持者，更是孔子流亡列国期间忠实的弟子之一。

孔子返回鲁国后，子路也随老师一起回到鲁国，先在季氏家中任职，后于鲁哀公十四年（公元前481年）到卫国担任卫执政大夫孔文子的家宰。

当时，卫国执政孔文子年迈体衰，行将去世，加之卫国国内局势动荡不安，卫出公的父亲蒯聩又欲归国夺取君位。大概孔文子曾派人到鲁国请子路前来卫国，辅佐自己的儿子孔悝，所以子路又做了孔文子的私邑蒲的长官，即蒲大夫。

子路到卫国后不久，孔文子便病死了，孔悝继承父亲的职位，为卫国执政。

孔悝虽然辅佐卫出公，但孔悝的母亲孔姬却是蒯聩的姐姐，即卫出公的姑姑。孔文子死后，孔姬便同孔家的一位小厮浑良夫私通。这时，蒯聩居住在戚地，孔姬害怕自己与浑良夫私通的事被卫出公知道而获罪，就派浑良夫前去联络蒯聩，寻求帮助。

蒯聩答应孔姬，若孔姬和浑良夫能助其归国，夺回君位，那么就让他们"服冕乘轩"，并且饶他们三次的死罪。

于是，在孔姬、浑良夫的帮助下，蒯聩回到都城，带领几名甲士潜入孔悝的住宅，胁迫孔悝登台盟誓，改立自己为君。同时，他还挟持孔悝，意图袭击卫出公。失去了执政的支持，卫灵公仓皇逃出卫国。

孔悝的家宰栾宁见政局有变，急忙派人去通知正在孔悝采邑平阳（今河南省滑县东南）驻守的子路。子路闻讯，赶紧赶来救难。

当到达都城帝丘时，子路正好遇到了孔子的另一位弟子高柴从城中逃出。原来，高柴也在卫国任职，为卫国大夫，现在见卫国有乱，便逃了出来，准备逃回鲁国。

高柴见到子路后，劝子路不要进去，否则就是自寻死路。子路却说：

"食人家的俸禄，就要救人家于危难。"

这时，恰好又有使者从城门逃出来，子路便趁机入城，攻到孔悝被围困的台下，准备用火烧毁孔氏之台，强迫同样位于台上的蒯聩释放孔悝。

蒯聩见状，十分害怕，就派手下两位猛士下台同子路博斗。结果，子路寡不敌众，被两名猛士击倒在地，帽带也被砍断了。子路见情势危急，知道自己是非死不可了，他从容地捡起帽子，戴在头上，说道：

"君子死，冠不免。"

随后，子路被杀害，甚至被蜂拥而来的蒯聩的党徒剁成了肉酱。

这件事发生在鲁哀公十五年的冬天，时年子路63岁。

子路的死，是那个动荡时代的悲剧，也让孔子又失去了一位最亲密的学生和朋友。当消息传来后，孔子万分悲痛，恸哭不已。当他得知子路被剁成了肉酱时，一阵心酸，赶快叫家人将屋子里准备食用的肉酱都倒掉，说：

"我怎么忍心吃这种东西呢？"

子路的死，算是给孔子衰弱的生命最后的、也是最致命的一击。此后不久，孔子便病倒了。

（三）

由于孔鲤、颜回和子路的相继去世，加上长期的劳累，孔子的健康状况越来越糟糕。不久前，他还兴致勃勃地乘车到子游治下的武城观光，而现在到庭外走动都显得十分吃力了。

到鲁哀公十六年（公元前479年）春天，孔子预感自己将不久于人世了。当学生们不在他身边，他独自在家中休息的时候，就会常常陷入对往事的沉思，回忆自己仕鲁时那兴奋而短暂的日子和游历诸侯期间那上下求索的艰难岁月，怀念昔日同自己患难与共、相从乎陈蔡的门生们。

但是，这些弟子都已经自立，大多不在自己身边，颜回和子路也离开了人世，这难道是一种命运吗？有时，学生们回来看望他，他也会说一些伤感的话。

一天，他对子贡说：

"没有人了解我啊！"

子贡忙安慰说：

"怎么说没有人了解您呢？"

孔子好像自言自语地说道：

"我也不抱怨天，我也不抱怨什么人，我一生刻苦学习，有了现在的成就，只有天知道罢了。"

听完老师的话，子贡知道，孔子的心情已经不同往日了。

一天清早，子贡一下朝就来看望老师。走到门后时，子贡看到孔子正站在厅堂，手里拿着拐杖，像是在等待什么似地。

一看到子贡来了，孔子就埋怨道：

"赐啊，你早该来了，为什么来得这么晚呢？"

孔子一边埋怨着，一边将有些昏花的眼睛通过子贡的头顶望向遥远的天空，随后唱到：

> 泰山其颓乎！（泰山要崩塌了吧！）
>
> 梁木其坏乎！（梁木要毁坏了吧！）
>
> 哲人其萎乎！（哲人要掉路了吧！）

子贡听到老师凄凉地唱歌，连忙上前搀扶老师入室，并说道：

"泰山崩塌了，我们仰望什么呢？梁木毁坏了，我们倚仗什么呢？哲人凋落了，还有谁值得效仿呢？"

孔子在子贡的搀扶下回到屋里坐下，然后十分坦然地与子贡谈论起各个朝代的丧葬礼仪和死亡。他说：

"夏代停柩在厅堂的东阶上，还保持主人的位置；殷人停柩在东西楹之间，是处于主宾位置的中间；周人停柩在西阶上，那是置柩于宾位。我本是殷人，昨晚梦见自己坐在两楹之间。目前无圣王兴起，天下还有谁会尊崇我坐于两楹之间呢？想必是我要死了，就将我的灵柩停在那里吧！"

从这天起，孔子就卧床不起了。季康子听说孔子病了，派人送来最好的药材，但孔子坚决不吃；鲁哀公也派御医过来为孔子看病，孔子也拒绝了。学生们知道，老师这是想要在生命的最后时刻保持自己的尊严，生前不受重用，此时又何必接受这小恩小惠呢？

　　七日后，即鲁哀公十六年（公元前479年）周历4月11日（夏历二月十一日），孔子溘然长逝，享年73岁。

　　孔子去世后，他的葬礼由他的学生们主持。他们遵循孔子的遗训，将葬礼举行得简朴而庄重。参加孔子葬礼的人很多，孔子远近的门生都来了。他们怀着儿子一般的感情，像对待父丧一样悲痛哭踊，哀悼这位曾给自己和人们带来深刻影响的启蒙者。

　　鲁哀公听说孔子逝世后，也十分悲痛，亲自作悼辞悼念这位对自己来说亦师亦友的老人，其悼辞如下：

　　　旻天不吊，不憖遗一老，俾屏余一人以在位，茕茕余在疚。呜呼，哀哉！尼父！无自律。

第二十一章　圣人之后

君子如欲化民成俗，其必由学乎！

——（春秋）孔子

（一）

孔子去世后，弟子们将他葬在鲁城北泗上，随后，弟子们在他墓前结庐服丧。三年守墓期满后，弟子们都各自离去，只有子贡留了下来，继续守了三年，一直六年后才离去。

此后，孔门弟子与鲁国的一些人为了缅怀孔子，都相继到孔子墓地附近筑室立家，不久便形成了一个百余户的聚落，称为孔里。鲁国人每年都会到孔子目前祭扫，许多文化人士也将这里当成是讲习礼仪的场所。

孔子之后，孔门弟子对孔子的思想、道德和学说各有所得，所以孔门弟子之间也相互辩难批评，《论语》中对这方面的内容记载较多。此外，《礼记》一书中也有相同的记载。由于思想观点不一致，弟子们便分裂成为许多派别，战国时代的韩非子便明确指出：

自孔子之死也，有子张之儒，有子思之儒，有颜氏之儒，有孟氏之儒，有漆雕氏之儒，有仲良氏之儒，有孙氏之儒，有乐正氏之儒。

这就是后人所谓的"儒家八派"。

事实也的确如此，孔门弟子有些可能在孔子在世时就已经开山立派，招收徒众；有的则在孔子去世后才自立门户，如子夏、澹台灭明等，在孔子去世后，以讲学在社会上产生了巨大的影响。"子夏居西河，教授，为魏文侯师"，而澹台灭明则"南游至江，从弟子三百人，设取予去就，名施乎诸侯"。

此外，据《吕氏春秋》记载，战国时代的许多卓越人物都是孔子弟子的学生，如田子方学于子贡，段干木学于子夏，吴起学于曾子等。

但是，真正将孔子思想发展下来且又在当时及以后影响最大的，当属孟子与荀子。

孟子，传为孔子之孙孔伋即子思的学生，而子思曾受学于曾子。从《论语》一书的记载来看，曾子的思想与孔子的思想几乎没什么区别，从某种意义上来说，曾子之学可谓孔子学说的正传。

孟子继承和发扬了孔子关于仁政的思想，即"民贵，君轻"的理论，主张"民为贵，社稷次之，君为轻"。在君臣关系上，孟子则主张君臣之间应该建立一种相对来说有"对等"成分的关系，即"君之视臣如手足，则臣视君如腹心；君之视臣如犬马，则臣视君如国人；君之视臣如土芥，则臣视君如寇仇"。尤其是他"仁义高于富贵，道德高于王权，王者以大人为师"的观点，对中国政治史产生了很大的影响。

但是，孟子的学说在列国争强的战国时代，自然是不会受到各国统治者赞赏的，并被认为是难以施行于现世政治的学说。与孔子相同，孟子虽然不见用于当世，但对后世却产生了深远的影响，所以后人称其为"亚圣"。人们在提到孔子时，也会很自然地联想到孟子，他们的学说也被称为"孔孟之道"。

荀子主要继承和发扬了孔子的礼乐学说，杂取道家和前期法家人物的某些理论观点，形成了自己的一套理论。荀子认为：

"礼者。法之大分，类之纲纪也。故学至乎礼而止矣。夫是之谓道德之极。"

在荀子看来，礼是最重要的东西，是一切的根本，也是治国成败的关键。"礼者，治辨之极也，强固之本也，威行之道也，功名之总也。王公由之所以得天下也，不由，所以陨社稷也"。

（二）

自从汉代开始，儒学便以经学的形式出现，其形态便是对儒家经典著作《诗》《书》《礼》《易》《春秋》等的诠释和解说。

当时，经学分为古文经学派和今文经学派。今文经学派的大师董仲舒结合治《公羊传》的心得，吸收阴阳五行学说，对孔子的"君君、臣臣、父父、子子"的思想进行了阉割，提出了"君为臣纲、父为子纲、夫为妻纲"的思想，主张臣子要绝对服从于君，"善皆归于君，恶皆归于臣"，从而使儒学走上了为专制主义服务的道路。

董仲舒还宣扬殷周时代的崇天神学，使儒家学说宗教化。为了适应中央集权的封建统治，董仲舒还向汉武帝提出了"罢黜百家，独尊儒术"的建议，使得儒家思想成为封建社会的正统思想。由此可见，董仲舒既改变了儒学的内容，也改变了儒学的地位。

发展到宋代，儒学成为理学，重新占据了其在中国思想家的统治地位。理学的代表人物是程、朱，即宋代的程颐和朱熹，尤其是朱熹，以程颐的学说为基础，吸收各家学说，建立了统治中国数百年的思想体系——程朱理学。

程朱理学的特点基本是托孔子之名，立自己之说。他们只是借用孔子的名义，发扬自己的理论学说。

明朝覆亡以后，许多文人开始意识到理学的误国，也开始批判理学，其代表人物如黄宗羲、顾炎武、颜元等，他们标举的便是孔孟学说。

但是，他们并未真正继承孔孟之学，而是在提倡实学的口号下，抛弃理学，转向经学，因此，这一时期的学说也被称为新汉学或新经学。

清朝乾嘉时期，由于文字狱的兴起，新经学又转而走向考据。

近代，康有为等人的尊孔一如前代，只是将孔子当成旗号，宣扬自己的政治主张罢了。

由此可见，自从汉代以后，孔子学说几乎被阉割殆尽，孔子虽然受到无比尊崇，但其学说并未受到彰明，孔子也只是被作为一个招牌、一尊偶像，为后世的腐儒和专制君主所利用而已，其荣的背后反而是辱。

当然，世人也不都是赞颂孔子的，比如东汉时期的王充，唐代的李贽，都曾抨击过孔子。到了近代的五四运动时期，胡适还提出了"打倒孔家店"的口号，孔子受到了有史以来最为猛烈的抨击。

但是，真正的思想家对孔子却又有一番自己的看法，李大钊就曾指出：

"孔子于其生存时代之社会，确足为其社会之中枢，确足为其时代之圣哲，其说亦确足以代表其时代、其社会之道德。"

从李大钊的论述来看，五四运动表面上看是批判孔子，实则是批判假借孔子之名的儒家学说，尤其是为历代封建专制帝王服务的儒家理论。如此看来，孔子也是虽辱尤荣的。

其实，对于孔子的道德学问，史学大家司马迁的论断最为公允，司马迁在《史记》中写道：

……天下君王至于圣人众矣，当时则荣，没则已焉。孔子布衣，传十余世，学者宗之。自天子王侯，中国言"六艺"者折中于夫子，可谓至圣矣！

（三）

由于孔子学说对于维护封建统治有着积极的作用，加之后世儒家学派的揄扬，孔子成了维护封建统治的"神圣人物"。所以，历代帝王都给孔子以各种各样的礼遇，对孔子及其后人也多所褒奖。

鲁哀公十六年（公元前479年），孔子去世时，鲁哀公便称其为"尼父"。虽然这不是什么正式封号，但其推崇之情，表露无遗。

鲁哀公十七年（公元前478年），鲁哀公命国人祭祀孔子，孔子故居被辟为孔庙。对此，《史记》中记载：

故所居堂，弟子内，后世因庙，藏孔子衣、冠、琴、车、书，至于汉，二百余年不绝。

第一位到曲阜祭祀孔子的皇帝是汉高祖刘邦。此后，历代帝王便多有仿效。到了西汉初元元年（公元前48年），汉元帝下诏，让孔子的第十三代孙孔霸以所食邑祀孔子，命孔霸为太师，赐爵关内侯，食邑八百户，并赐给孔霸黄金200斤（折合100千克），宅地一块。

这是孔子后人世袭爵位奉祀孔子的开始。此后，历朝历代都祭祀孔子，并封其子孙后代官职，宣扬孔子的道德思想，孔子的影响范围也越来越大。

孔子影响所及不仅是中国，也影响了朝鲜、日本、越南及东南亚各国。因此，有些学者便将中国与这些国家视为"孔子文化圈"。

18世纪后，孔子的思想开始传入欧洲，对欧洲人文科学的发展，诸如法国启蒙运动、德国辩证法思想的形成和发展等，都产生了一定的影响。资产阶级思想家伏尔泰、狄德罗、霍尔巴赫、魁奈、莱布尼茨等人，对孔子的思想都顶礼膜拜。在一定意义上来说，欧洲资产阶级革命的某些方面，也受到了孔子的影响。

又过了500年后，最发达的资本主义国家美国，树立起了孔子的雕像。1982年，美国各界人士在旧金山举行孔子诞辰2533周年纪念活动，美国总统里根致信说：

> 际此孔子诞辰纪念，我们尤应缅怀推崇这位思想家的贡献。……孔子高贵的行宜与伟大的伦理道德思想不仅影响他的国人，也影响了全人类，孔子学说世代相传，提出全世界人类丰富的做人处事原则。

1984年，美国出版的《人民年鉴手册》列出了世界十大思想家名单，孔子被确认为世界十大思想家之首。直到今天，人们还会从孔子那里寻找解救现代人精神危机的良方。世界诺贝尔奖金获得者在巴黎集会的宣言中称：

"如果人类要在21世纪生存下去，就必须回头两千五百年，去吸收孔子的智慧。"

孔子生平大事年表

公元前551年（鲁襄公二十二年） 孔子出生于鲁国陬邑昌平乡（今山东省曲阜城东南）。因父母曾为生子而祷于尼丘山，故名丘，字仲尼。

公元前549年（鲁襄公二十四年） 其父叔梁纥去世，孔母颜征在携子移居曲阜阙里，生活艰难。

公元前535年（鲁昭公六年） 孔母颜征在去世。是年，季氏宴请士一级贵族，孔子去赴宴，被季氏家臣阳虎拒之门外。

公元前533年（鲁昭公九年） 孔子娶宋人亓官氏之女为妻。

公元前532年（鲁昭公十年） 亓官氏生下一子。据传，因鲁昭公赐鲤鱼于孔子，故孔子为其子起名为鲤，字伯鱼。是年，孔子开始为委吏，管理仓库。

公元前531年（鲁昭公十一年） 孔子改作乘田，管理畜牧。

公元前525年（鲁昭公十七年） 郯子朝鲁，孔子向郯子询问郯国古代官制。孔子开办私人学校，当在此前后。

公元前522年（鲁昭公二十年） 齐景公与晏婴来鲁国访问。齐景公会见孔子，与孔子讨论秦穆公何以称霸的问题。

公元前518年（鲁昭公二十四年） 孟懿子和南宫敬叔向孔子学礼。孔子问礼于老聃，问乐于苌弘。

公元前517年（鲁昭公二十五年） 鲁国发生内乱，鲁昭公逃亡齐国，孔子在这一年也到了齐国，齐景公问政于孔子。

公元前516年（鲁昭公二十六年） 孔子得到齐景公赏识，景公欲以尼溪之田封孔子，被晏子阻止。孔子在齐闻《韶》乐，如醉如痴。

公元前515年（鲁昭公二十七年） 齐大夫欲害孔子，孔子由齐返鲁。

公元前514年（鲁昭公二十八年） 晋魏献子（名舒）执政，举贤才不论亲疏。孔子认为这是义举，云："近不失亲，远不失举，可谓义矣。"

公元前513年（鲁昭公二十九年） 晋铸刑鼎，孔子曰："晋其亡乎，失其度矣。"

公元前512年（鲁昭公三十年） 经过几十年的磨练，孔子对人生各种问题有了比较清楚的认识，故自云"四十而不惑"。

公元前504年（鲁定公六年） 季氏家臣阳虎擅权日重，并劝孔子出仕，孔子没有明确表态。

公元前502年（鲁定公八年） 公山不狃以费叛季氏，使人召孔子，孔子欲往，被子路阻拦。

公元前501年（鲁定公九年） 孔子出仕，为中都宰，治理中都一年，卓有政绩。

公元前500年（鲁定公十年） 孔子由中都宰升小司空，后升大司寇，摄相事。夏天随鲁定公与齐侯参加夹谷之会。

公元前499年（鲁定公十一年） 孔子为鲁国司寇，鲁国大治。

公元前498年（鲁定公十二年） 孔子为鲁司寇，在鲁国国君的支持下，开始堕三都。

公元前497年（鲁定公十三年） 与季氏出现不和，孔子离开鲁国，到了卫国。后又离开卫国前往陈国。路经匡地，被围困。后经蒲地，遇公叔氏叛卫，孔子与弟子又被围困。后又返回卫都。

公元前496年（鲁定公十四年） 孔子在卫国被卫灵公夫人南子召

见。子路对孔子见南子的行为感到不满。

公元前495年（鲁定公十五年） 孔子去卫居鲁。夏五月，鲁定公卒，鲁哀公立。

公元前493年（鲁哀公二年） 孔子由鲁至卫，后离开卫国西行，经曹国到宋国。

公元前492年（鲁哀公三年） 孔子过郑到陈国。

公元前491年（鲁哀公四年） 孔子离陈往蔡。

公元前490年（鲁哀公五年） 孔子自蔡到叶。在去叶返蔡途中，孔子遇隐者。

公元前489年（鲁哀公六年） 孔子与弟子在陈蔡之间被困绝粮，许多弟子因困饿而病，后被楚人相救。由楚返卫，途中又遇隐者。

公元前488年（鲁哀公七年）孔子在卫国，主张在卫国为政先要正名。

公元前487年（鲁哀公八年） 孔子在卫国。是年吴伐鲁，战败。孔子的弟子有若参战有功。

公元前485年（鲁哀公十年） 孔子在卫国。孔子夫人亓官氏卒。

公元前484年（鲁哀公十一年） 孔于周游列国14年，至此结束，返回鲁国。

公元前483年（鲁哀公十二年） 孔子仍有心从政，但不被用，只好继续从事教育及整理文献工作。是年，孔子的儿子孔鲤去世。

公元前482年（鲁哀公十三年） 颜回病逝，孔子十分悲伤。

公元前481年（鲁哀公十四年） 狩猎获麒麟，孔了认为这不是好征兆，于是停止修《春秋》。

公元前480年（鲁哀公十五年） 子路被杀，孔子十分难过，从此一病不起。

公元前479年（鲁哀公十六年）4月11日，孔子病逝。葬于鲁城北。

孔子创立了以"仁"为核心的道德学说，他自己也是一个很善良的人，富有同情心，乐于助人，待人真诚、宽厚。"己所不欲，毋施于人""君子成人之美，不成人之恶""躬自厚而薄责于人"等，都是他的做人准则。